Texte schreiben

Erarbeitet von

Heike Baligand
Angelika Föhl
Nadine Pistor
Elke Schnepf-Rimsa

in Zusammenarbeit mit der
Westermann-Grundschulredaktion

Unter Beratung von

Nadine Haida-Herklotz
Miriam Jacobs
Katharina Jorga
Insa Scheller
Christina von Weyhe
Prof. Dr. Anja Wildemann

Illustriert von

Gabriele Hilgert und Karoline Kehr

Flex und Flora

Deutsch

Inhaltsverzeichnis

Seite

Gut starten 4

Texte nach Mustern schreiben 8
Ein Parallelgedicht schreiben 9
Einen Paralleltext schreiben 1 10
Einen Paralleltext schreiben 2 11

Anleitungen und Rezepte schreiben 12
Ein Rezept schreiben 14
Eine Anleitung für ein Experiment schreiben 16 **T1**

Regeln beim Sprechen und Zuhören beachten 18
Kooperativ Gespräche führen mit der Ich-du-wir-Methode ... 20

Geschichten mit dem roten Faden planen und schreiben ... 22
Geschichten zu Bildern planen und schreiben 24
Ideen auswählen und Geschichten schreiben 25 **T2**

Mit dem Überarbeitungskreis arbeiten 26
Einen Text sprachlich überarbeiten 1 28
Einen Text sprachlich überarbeiten 2 29
Einen Text inhaltlich und rechtschriftlich überarbeiten 30

Von Erlebnissen erzählen und darüber schreiben 32
Eine Erlebnisgeschichte schreiben 34
Eine Erlebnisgeschichte überarbeiten 35 **T3**

Inhaltsverzeichnis

Seite

Ein Rondell kennenlernen 36

Ideen für ein Rondell sammeln und ein Rondell schreiben 38

E-Mails und Briefe schreiben 40

E-Mails an verschiedene Empfänger schreiben 42

Eine E-Mail und einen Brief schreiben 44

Eine E-Mail überarbeiten 45

Genau beschreiben 46

Einen Gegenstand beschreiben 48

Ein Tier beschreiben 49

Eine Tierbeschreibung überarbeiten 50

Eine Beschreibung verfassen 51   T4

Mit Sprache spielen 52

Mit Buchstaben spielen 53

Mit Silben und Wörtern spielen 54

Spielerisch einen Text schreiben 55

Ein Drehbuch für einen Erklärfilm schreiben 56

Ein Drehbuch planen, schreiben und einen Erklärfilm drehen 58

Fantastisches erzählen und schreiben 60

Eine Geschichte weiterschreiben 62

Einen Was-wäre-wenn-Text schreiben 63

Eine Würfel-Geschichte erzählen 64

Das kann ich jetzt 65

Gut starten

1 Was hast du in den Sommerferien erlebt?
Ergänze den Gedankenschwarm.

spielen

Sommerferien

lachen

2 Suche dir ein Partnerkind.
Verwende deinen Gedankenschwarm
und erzähle von deinen Sommerferien.

_____
Unterschrift Partnerkind

Schreibideen zu einem Thema in einem Gedankenschwarm sammeln
Nachvollziehbar und zusammenhängend von eigenen Erlebnissen
berichten

HR

3 Schreibe zu jedem Buchstaben ein Wort, das zu deinen Sommerferien passt.
Du kannst Wörter aus deinem Gedankenschwarm verwenden.
Male ein passendes Bild dazu.

S _____

O _____

M _____

M _____

E _____

R _____

F _____

E _____

R _____

I _____

E _____

N _____

> Hier entsteht ein Akrostichon.

> Inliner?
> Insel?
> Italien?

4 Lies dein Akrostichon einem Partnerkind vor.
Welche Wörter haben ihm besonders gefallen?
Kennzeichne sie mit einem Smiley ☺.

_____
Unterschrift Partnerkind

Schreibideen für ein Akrostichon auswählen   KV 112
Ein Akrostichon schreiben   Fö 138
Ein Akrostichon vorstellen und Rückmeldung einholen   HR

73   5

Datum: _____

1 Lies die Postkarte.

Liebe Oma,

am Wochenende durften Mila und Levi bei mir übernachten. Wir haben eine Nachtwanderung gemacht. Zum Frühstück haben wir Pfannkuchen gebacken. Das war toll!

Viele Grüße
Gino

Lina Moll

Kaiserweg 12

67543 Hochdorf

2 Unterstreiche auf der Postkarte:

a) die Anrede mit Komma **rot**,

b) die Grüße und die Unterschrift **gelb**,

c) die Straße und die Hausnummer **blau**,

d) die Postleitzahl und den Ort **grün**.

3 Was hast du an deinem tollsten Ferientag erlebt?
Schreibe zu den Fragen Wörter oder kurze Sätze.

Wann war dein tollster Ferientag?

_____

Wo warst du?

_____

Wer war dabei?

_____

Was hast du gemacht?

_____

6   74   Eine Postkarte lesen
Fachwörter für Postkarten anwenden
Schreibideen mithilfe von W-Fragen sammeln

KV 113
Fö 139

4 Schreibe einen Text zum Thema **Mein tollster Ferientag**.
Deine Ideen von Aufgabe 3 helfen dir.
Du kannst so beginnen: An einem Tag in den Ferien …

5 Lies deinen Text mehrmals. Schreibe eine Überschrift in die rote Zeile.

6 Male ein passendes Bild zu deinem Text.

7 Lies deinen Text einem Partnerkind vor.
Welche Stelle hat ihm besonders gefallen?
Kennzeichne sie mit einem Smiley ☺.

_____
Unterschrift Partnerkind

Einen kurzen Text zu einem vorgegebenen Thema schreiben
Einen Text illustrieren
Einen Text vorstellen und Rückmeldung einholen   HR   7

Texte nach Mustern schreiben

Pausenglück

von Flex

Das ist Pausenglück

Wenn mein Lieblingsbrot in der Brotdose liegt

Wenn in der Pause die Sonne scheint

Wenn ich einen Platz auf der Schaukel bekomme

Das ist Pausenglück

Wenn ich mit Freunden Verstecken spiele

Wenn keiner sich streitet oder weint

Wenn es später zur nächsten Stunde klingelt

Kennst du Lola?

von Gerda Anger-Schmidt

Lola mag Lampions,

Luftburgen,

Liedermacher,

Lotteriegewinne,

Luxusschlösser,

Lavendelfelder,

Lamas,

Loblieder,

Lammkeulen,

Luxusgeschöpfe,

Libellenflügel,

Lachfalten –

Aber keine Lämmergeier.

Regentage

von Flora

Wie blöd, dass es heute so stark regnet.

Wie blöd, dass ich nicht raus kann.

Wie blöd, dass unser Ausflug ausfällt.

Doch zum Glück kann ich

den ganzen Tag faulenzen.

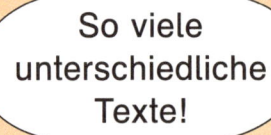

So viele unterschiedliche Texte!

In allen Texten gibt es ein Muster.

 **1** Sprich mit einem Partnerkind.
Welche Muster meint Flora?

_____

Unterschrift Partnerkind

  Texte lesen und Textmuster erkennen
Sich mit einem Partnerkind austauschen

Ein Parallelgedicht schreiben

1 Sammle Wörter für ein Gedicht zu deinem Namen.
Die Wörter sollen mit dem ersten Buchstaben deines Vornamens beginnen.

Ich heiße: _____

Ich mag: _____

_____

_____

Ich mag nicht: _____

_____

2 Welche Wörter passen am besten zu dir? Schreibe damit ein Gedicht.

Kennst du _____ **?**

von _____

mag _____ ,

_____ ,

_____ ,

_____ ,

_____ ,

_____ ,

_____ ,

_____ —

> Du kannst dein Gedicht auch verschenken.

Aber keine _____ .

3 Schreibe dein Gedicht auf ein Schmuckblatt.

Datum: _____

 **1** Sprich mit einem Partnerkind.
Was gefällt euch an eurer Schule gut?
Was gefällt euch nicht so gut? Schreibt.

_____
Unterschrift Partnerkind

2 Schreibe mit den Ideen von Aufgabe 1 einen Text.

von

Wie blöd, dass _____.

Wie blöd, dass _____.

Wie blöd, dass _____.

Doch zum Glück _____.

3 Schreibe eine Überschrift für deinen Text von Aufgabe 2.

4 Übe deinen Text für einen Vortrag.
Sprich laut und deutlich.

 **5** Trage deinen Text einem Partnerkind vor.

_____
Unterschrift Partnerkind

Den eigenen Standpunkt angemessen vortragen und begründen
Ideen sammeln und einen Paralleltext schreiben
Einen Text präsentieren

KV 115

1 Sammle Ideen zum Thema **Wochenend-Glück** in einem Gedankenschwarm.

$$\text{Wochenend-Glück}$$

2 Schreibe mit den Ideen von Aufgabe 1 einen Text zum Thema **Wochenend-Glück**.

> Du kannst dein Gedicht auch am Computer schreiben.

Wochenend-Glück

von

Das ist Wochenend-Glück

Wenn

Wenn

Wenn

Das ist Wochenend-Glück

Wenn

Wenn

Wenn

3 Lies deinen Text einem Partnerkind vor.
Verändere deine Stimme so,
dass sie zu den Sätzen passt.
Welche Stelle hat ihm besonders gefallen?
Kennzeichne sie mit einem Smiley ☺.

_____
Unterschrift Partnerkind

Einen Text zu einem vorgegebenen Thema planen
Einen Paralleltext schreiben
Einen Text angemessen betont vorlesen

KV 115
Fö 141
HR

11

Anleitungen und Rezepte schreiben

 **1** Suche dir ein Partnerkind
für die Aufgaben 2–4.

_____
Unterschrift Partnerkind

 **2** Kennt ihr Knetseife?
Woraus hat Flex sie hergestellt?

 **3** Bringt die Bilder in die richtige Reihenfolge.
Schreibt **A B C D E F** in die Kreise.

Zutaten in
der Schüssel
vermischen

Knetseife in das
Marmeladenglas
legen

Teig zu einem
weichen Klumpen
kneten

60g farbiges
Duschgel abwiegen

Teig mit einer
Teigrolle ausrollen,
Formen ausstechen

100 g Speisestärke
abwiegen

 **4** Wie stellt man Knetseife her?
Erklärt es euch.

Zutaten erkennen und benennen
Arbeitsschritte einer Anleitung ordnen
Eine Anleitung angemessen verbalisieren

5 Was braucht man zur Herstellung von Knetseife? Schreibe.

Knetseife

Materialliste:

- Waage

- _____

- _____

- _____

- _____

- _____

6 Lies die ersten Arbeitsschritte.
Welche Wörter sind für die Reihenfolge wichtig?
Markiere.

==Zuerst== wiegst du 60 g farbiges Duschgel in der Schüssel ab.

Dann wiegst du 100 g Speisestärke ab und fügst sie dazu.

Die Zutaten vermischst du danach mit den Händen.

7 Schreibe die letzten drei Schritte der Anleitung.
Diese Wörter können dir helfen.

Satzanfänge schreibst du groß.

| als nächstes   nun   anschließend   zum Schluss   zuletzt |

_____

_____

_____

_____

_____

Eine **Anleitung** besteht aus der **Überschrift**, der **Materialliste** und
den **Arbeitsschritten**. Die Arbeitsschritte beschreibst du genau
und in der richtigen **Reihenfolge**.
Beim Kochen und Backen heißen die Anleitungen **Rezepte**.
Du schreibst dafür zuerst die **Zutaten** auf.
Die **Zubereitung** beschreibst du genau Schritt für Schritt.

Materialien und Zutaten notieren
Schlüsselwörter zur Strukturierung einer Anleitung markieren
Eine Anleitung zu Ende schreiben   HR   **13**

1 Schau dir die Zutaten und den Nachtisch an. Lies.

Joghurt   Blaubeeren   Honig   Kekskrümel   Weintrauben   Schokostreusel   Müsli   Marmelade   Milch

Streifen-Nachtisch

Schokostreusel

Joghurt-Mischung

Marmelade

Weintrauben

Kekskrümel

Joghurt-Mischung

2 Lies die Zubereitung.

( ) Auf die Kekskrümel lege ich einige Weintrauben.

( ) Zum Schluss fülle ich nochmal die Joghurt-Mischung in das Glas und verziere alles mit einigen Schokostreuseln.

( ) Dann verteile ich Marmelade auf den Weintrauben.

(A) Zuerst mische ich in einer Schüssel den Joghurt mit etwas Milch und Honig.

( ) Danach fülle ich etwas von der Mischung in das Glas.

( ) Nun streue ich die Kekskrümel auf die Joghurt-Mischung.

3 Ordne die Schritte der Zubereitung.
Schreibe die richtige Reihenfolge **A B C D E F** in die Kreise.

4 Welche Zutaten wurden für den Nachtisch verwendet?
Kreise sie in Aufgabe 1 ein.

14

Zutaten für ein Rezept kennenlernen
Ein Rezept in die richtige Reihenfolge bringen
Schlüsselwörter (= verwendete Zutaten) erkennen und einkreisen

5 Erfinde einen eigenen Streifen-Nachtisch. Male.
Schreibe eine Zutatenliste und den Namen für deinen Nachtisch.

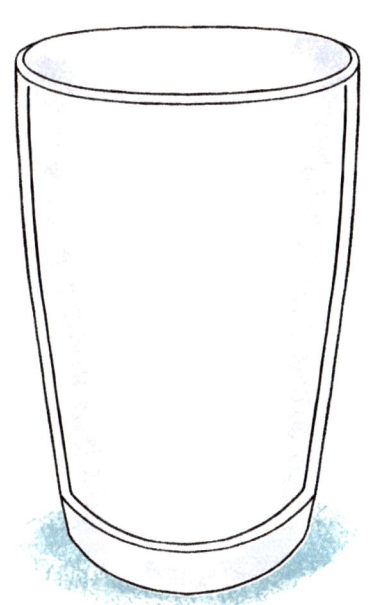

Zutaten:

_____

_____

_____

_____

_____

_____

6 Schreibe eine Anleitung für deinen Nachtisch.

Zubereitung:

_____

_____

_____

_____

_____

_____

_____

_____

 **7** Stelle einem Partnerkind dein Rezept vor.

_____
Unterschrift Partnerkind

Zutaten für ein eigenes Rezept festlegen und eine Liste schreiben
Eine Zubereitung schreiben
Ein eigenes Rezept präsentieren

KV 116, 117
Fö 142, 143/Fo
HR

76 **15**

1 Schau dir die Fotos genau an. Lies die Arbeitsschritte.

Luftballon vorsichtig über den Flaschenhals ziehen

Materialien bereitstellen

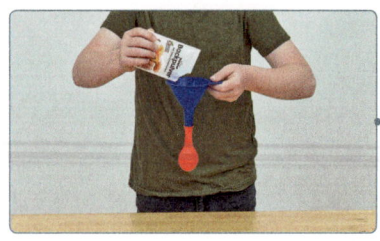

Luftballon langsam aufrichten, Backpulver in den Essig rieseln lassen

beobachten, wie der Ballon sich aufbläst

Trichter in den Luftballon stecken, ein Tütchen Backpulver in den Luftballon füllen

Plastikflasche (0,5 l) zur Hälfte mit Essig (5% Säure) füllen

2 Verbinde in Aufgabe 1 die Fotos mit den einzelnen Arbeitsschritten.

3 Welche Dinge brauchst du für das Experiment? Markiere sie in den Arbeitsschritten.

16

Bilder betrachten und Textteile lesen
Bilder mit den passenden Textteilen verbinden
Materialien für ein Experiment markieren

... für ein Experiment schreiben

4 Schreibe mit den markierten Wörtern von Aufgabe 1
eine Materialliste für das Experiment.

Der geheime Luftballon

Materialliste

- Plastikflasche (0,5 l)
- _____
- _____
- _____
- _____

5 Schreibe die Arbeitsschritte für die Anleitung.
Achte auf die richtige Reihenfolge.

Als Nächstes,
nun, dann, danach,
zum Schluss, ...

Arbeitsschritte

Zuerst stellst du

_____

_____

_____

_____

_____

6 Warum bläst der Ballon sich auf?
Vermute und recherchiere.

Du kannst auch
im Internet recherchieren.

_____

_____

Eine Materialliste schreiben
Arbeitsschritte für ein Experiment notieren
Vermutungen zu einem Phänomen anstellen und durch Recherche überprüfen

KV 118
Fö 144
HR

77

17

T1

Regeln beim Sprechen und Zuhören beachten

Datum: _____

Unsere Gesprächsregeln

Unsere Regel ist: Wenn einer spricht, sind alle anderen ruhig.

Oma hat jetzt Hühner im Garten!

Können wir was singen?

Cool! Kann ich nach der Schule mit zu dir?

Kennt ihr schon den neusten Witz? Also: Gehen zwei Hunde …

Ich habe mich schon so lange gemeldet.

Ich möchte nicht immer ausgelacht werden.

So funktioniert ein Gesprächskreis nicht.

---

1 Suche dir ein Partnerkind für die Aufgaben 2–8.

_____
Unterschrift Partnerkind

2 Sprich mit deinem Partnerkind über diese Fragen:

a) Was meint Flora?

b) Welche Gesprächsregeln kennt ihr?

c) Warum sind Gesprächsregeln wichtig?

Den Nutzen von Gesprächsregeln erkennen

3 Worauf müsst ihr vor einem Gespräch achten? Kreuzt an.

☐ Jedes Kind setzt sich so hin, dass es gut zuhören kann.

☐ Jedes Kind nimmt sich immer etwas zu essen und zu trinken mit.

☐ Niemand macht Geräusche, die stören könnten.

☐ Jedes Kind denkt über das Thema nach.

4 Welche Regeln sind für ein Gespräch wichtig?
Schreibe zuerst allein drei wichtige Regeln auf.

_____

_____

_____

5 Stellt euch gegenseitig die Regeln von Aufgabe 4 vor.
Begründet, warum sie wichtig sind.
Einigt euch auf eure vier wichtigsten Gesprächsregeln.
Schreibt sie einzeln auf Zettel.

6 Überlegt gemeinsam:

a) Was hat bei eurem Gespräch bereits gut geklappt?

b) Seid ihr mit dem Ergebnis zufrieden? Begründet.

7 Führt ein Gespräch in der Klasse.

a) Jedes Paar stellt seine vier wichtigsten Gesprächsregeln vor.

b) Welche Gesprächsregeln sollen für eure Klasse gelten? Sprecht darüber.
Gestaltet dazu ein Plakat mit den Zetteln von Aufgabe 5.

Vor einem Gespräch setzt du dich so, dass du gut sprechen
und zuhören kannst. Du stellst dich auf das Thema ein.

Während des Gesprächs hältst du dich an die Gesprächsregeln.

Nach dem Gespräch sprecht ihr darüber, ob eure Gesprächsregeln
eingehalten wurden oder was ihr im Gespräch gelernt habt.

Organisatorische Aspekte von Gesprächen erkennen
Gesprächsregeln formulieren, vorstellen und diskutieren
Einen Gesprächsverlauf bewerten

Fö 145
HR

78

19

 **1** Suche dir drei Kinder für eine Gruppe
für die Aufgaben 2−8.

_____

Unterschriften Gruppenkinder

 **2** Über welches Thema wollt ihr nachdenken und sprechen?
Einigt euch in der Gruppe.
Kreist das Thema farbig ein.

> Welche Superkraft ist die beste?

> Was würden wir uns wünschen, wenn wir einen Wunsch frei hätten?

> Wohin soll unsere nächste Klassenfahrt gehen?

> Wie sollte eine beste Freundin oder ein bester Freund sein?

3 Beantworte zuerst allein diese Fragen.
Schreibe.

a) Was fällt mir zu dem Thema ein?

b) Welche Fragen habe ich dazu?

_____

_____

_____

_____

 4 Stelle einem Kind aus deiner Gruppe deine Gedanken von Aufgabe 3 vor.
Danach stellt dein Partnerkind dir seine Gedanken vor.
Welche Gedanken sind euch besonders wichtig?
Einigt euch und schreibt.

_____

_____

_____

_____

Ein Gespräch in der Gruppe kooperativ durchführen
Sich Gedanken zu einem ausgewählten Thema machen
Eigene Gedanken vortragen und begründen

5 Stellt euch in eurer Vierergruppe gegenseitig die Ergebnisse
von Aufgabe 4 vor.
Welche Ergebnisse wollt ihr in der Klasse vorstellen?
Einigt euch und schreibt.

6 Stellt eure Arbeitsergebnisse von Aufgabe 5 in der Klasse vor.
Haltet euch an die Gesprächsregeln.

7 Sprecht in eurer Gruppe über eure Gespräche.
Benutzt die Checklisten. Kreuzt zuerst im eigenen Heft an.
Sprecht dann darüber, was ihr angekreuzt habt und warum.

Vor unseren Gesprächen ...	😃	🙂	😐	🙁
... habe ich mich so hingesetzt, dass ich gut sprechen und zuhören konnte.				
... habe ich mich so hingesetzt, dass ich alle gut sehen konnte.				
... habe ich mich auf das Thema eingestellt.				

Während unserer Gespräche...	😃	🙂	😐	🙁
... haben wir uns zugehört.				
... konnte man jedes Kind gut verstehen.				
... konnte jedes Kind seine Meinung sagen.				
... ist jedes Kind beim Thema geblieben.				
... ist kein Kind ausgelacht worden.				

8 Welcher Gedanke war während des Gesprächs
besonders interessant für dich?
Schreibe.

_____

_____

Eigene Gedanken in einer Gruppe vortragen und begründen
Arbeitsergebnisse in einer Gruppe präsentieren
Einen Gesprächsverlauf bewerten

KV 119
Fo

21

Geschichten mit dem roten Faden planen und schreiben

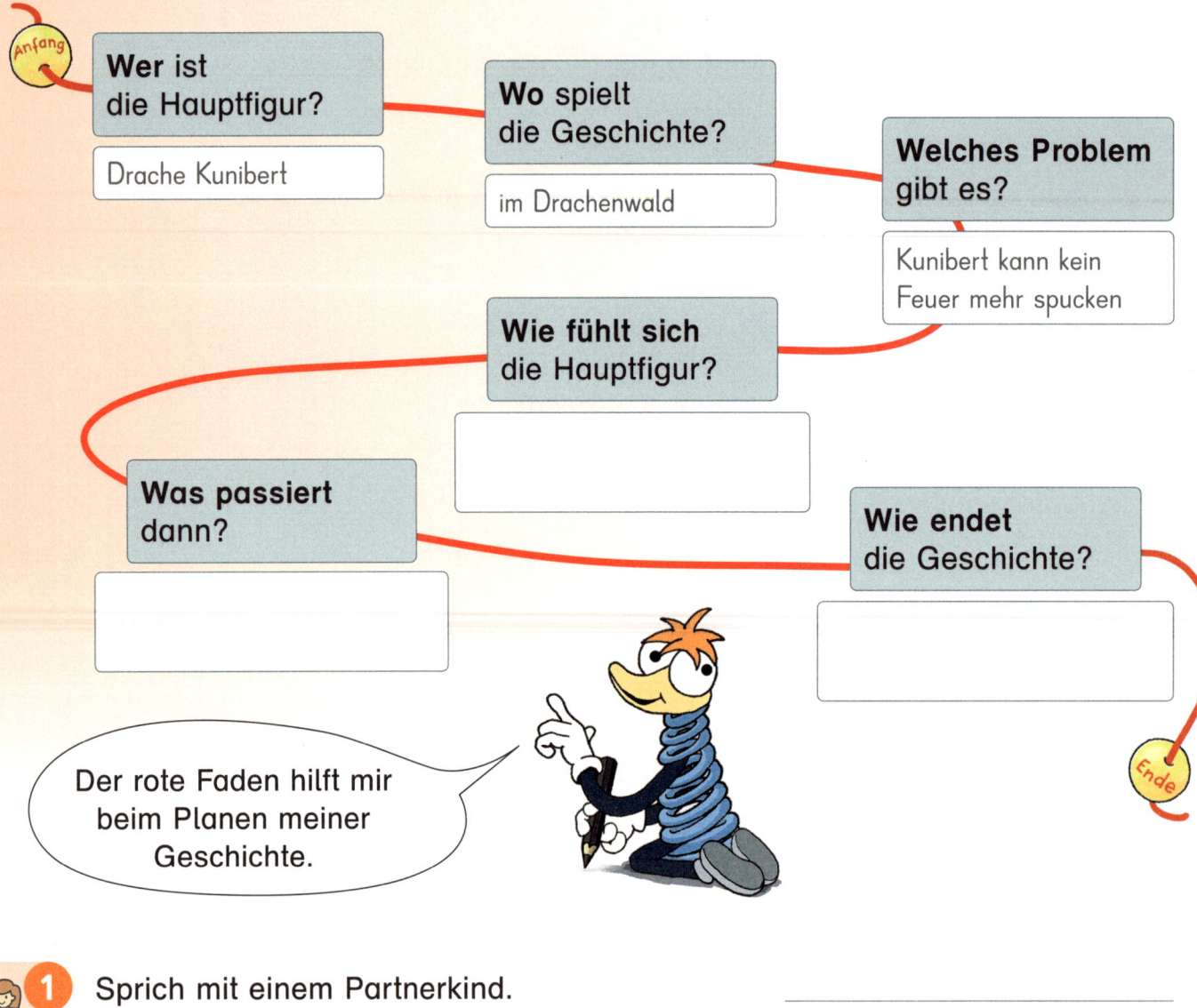

Anfang

Wer ist die Hauptfigur?

Drache Kunibert

Wo spielt die Geschichte?

im Drachenwald

Welches Problem gibt es?

Kunibert kann kein Feuer mehr spucken

Wie fühlt sich die Hauptfigur?

Was passiert dann?

Wie endet die Geschichte?

Ende

Der rote Faden hilft mir beim Planen meiner Geschichte.

---

1 Sprich mit einem Partnerkind.
Was meint Flex?

_____
Unterschrift Partnerkind

Mit dem **roten Faden** kannst du eine Geschichte planen.
Die **W-Fragen** helfen dir:

Wer ist die Hauptfigur?	**Wo spielt** die Geschichte?
Welches Problem gibt es?	**Wie fühlt** sich die Hauptfigur?
Was passiert dann?	**Wie endet** die Geschichte?

2 Schreibe deine Ideen oben an den roten Faden.

3 Suche dir ein Partnerkind.
Erzähle ihm deine Geschichte mithilfe
des roten Fadens.

_____
Unterschrift Partnerkind

Den roten Faden als Bauplan für Geschichten kennenlernen
Einen Handlungsverlauf mit einem roten Faden ergänzen
Eine Geschichte mithilfe des roten Fadens angemessen erzählen   HR

5 Lies den Anfang der Geschichte.
Schreibe sie mit deinen Ideen von Seite 18 weiter.

Der Drache Kunibert war groß, stark und sehr mutig.

Er lebte in einer Höhle im finsteren Drachenwald.

Eines Morgens wachte er auf und erschrak.

Er konnte kein Feuer mehr spucken.

_____

_____

_____

_____

_____

_____

_____

_____

_____

_____

_____

6 Hast du alle **W-Fragen** beantwortet?
Kontrolliere mit dem roten Faden.

Du kannst deine Geschichte einem Partnerkind vorlesen.

7 Schreibe eine Überschrift.

Einen Geschichtenanfang mit Ideen des roten Fadens
weiterschreiben
Eine Geschichte mit den W-Fragen des roten Fadens überprüfen

KV 120
Fö 146, 147/Fo

79   **23**

1 Schau dir das Bild an.

2 Schreibe Ideen für deine Geschichte zum Bild. Nutze den roten Faden.

Wer ist die Hauptfigur?	
Wo spielt die Geschichte?	
Welches Problem gibt es?	
Wie fühlt sich die Hauptfigur?	
Was passiert dann?	
Wie endet die Geschichte?	

3 Schreibe deine Geschichte mit einer Überschrift ins Heft.

4 Hast du alle **W-Fragen** beantwortet?
Kontrolliere mit dem roten Faden.

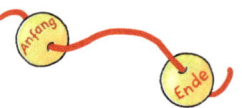

Ideen zu einem Bild am roten Faden entwickeln
Eine Geschichte schreiben
Eine Geschichte mit den W-Fragen des roten Fadens überprüfen

KV 121
Fö 148
HR

Ideen auswählen und Geschichten schreiben Datum: _____

1   Lies die Ideen-Karten.

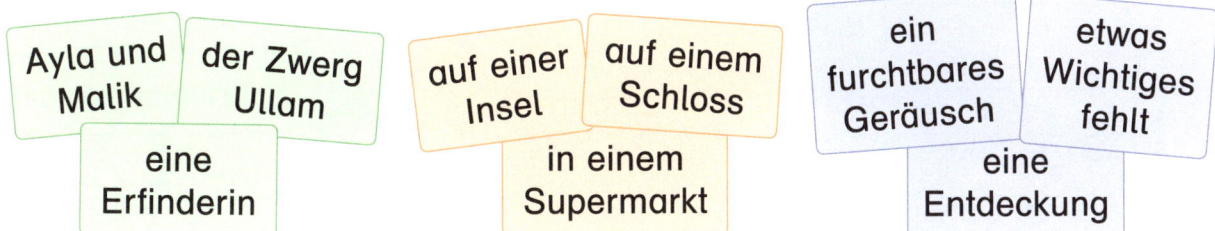

Ayla und Malik   der Zwerg Ullam   eine Erfinderin

auf einer Insel   auf einem Schloss   in einem Supermarkt

ein furchtbares Geräusch   etwas Wichtiges fehlt   eine Entdeckung

2   Wähle je eine Idee für die **W-Fragen** des roten Fadens aus.
Du kannst dir auch selbst etwas ausdenken. Schreibe.

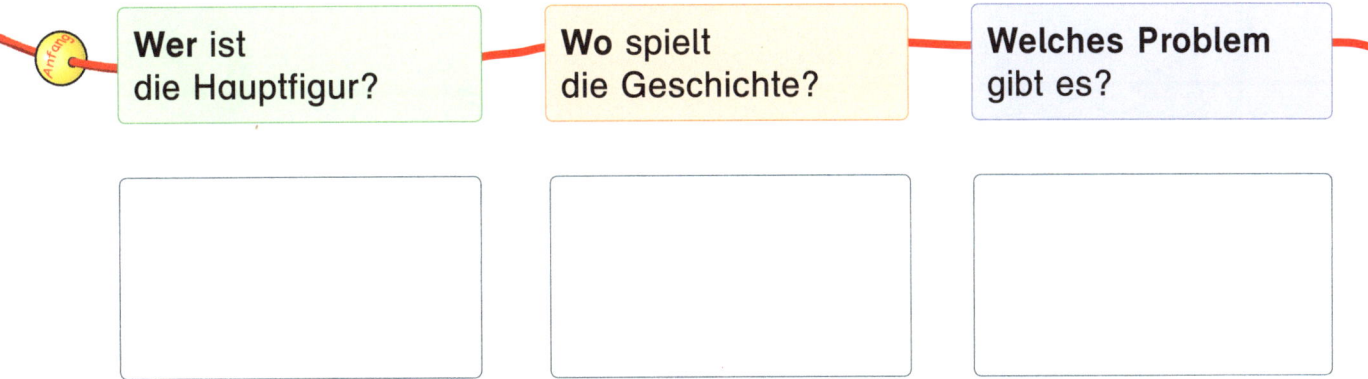

Wer ist die Hauptfigur?	**Wo** spielt die Geschichte?	**Welches Problem** gibt es?

3   Wie soll deine Geschichte weitergehen? Schreibe.

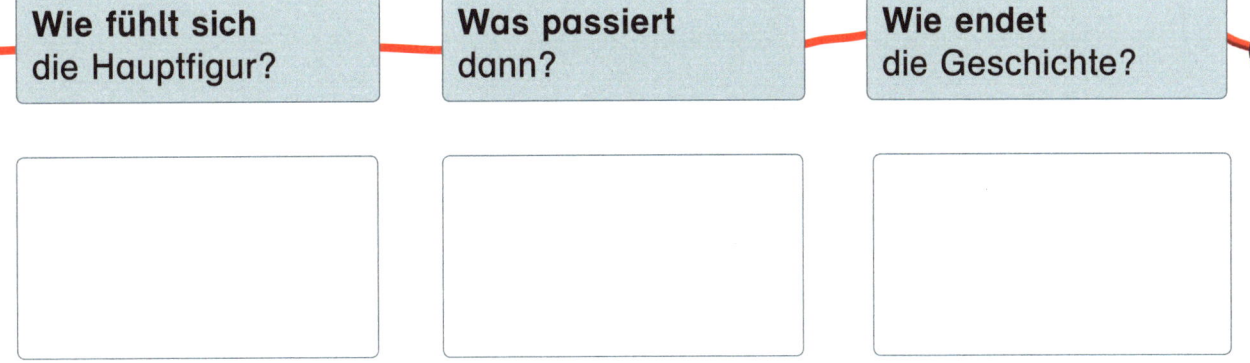

Wie fühlt sich die Hauptfigur?	**Was passiert** dann?	**Wie endet** die Geschichte?

4   Schreibe deine Geschichte mit einer Überschrift ins Heft.

5   Hast du alle **W-Fragen** beantwortet?
Kontrolliere mit dem roten Faden.

6   Lies deine Geschichte einem Partnerkind vor.
Welche Stelle hat ihm besonders gefallen?
Kennzeichne sie mit einem Smiley ☺.

_____
Unterschrift Partnerkind

Eine Geschichte mit dem roten Faden planen
Eine Geschichte schreiben und überprüfen
Eine Geschichte präsentieren und Rückmeldung einholen

KV 122
Fö 149
HR

25

Mit dem Überarbeitungskreis arbeiten

1 Suche dir zwei Kinder für eine Gruppe für die Aufgaben 2–8.

_____
Unterschriften Gruppenkinder

2 Sprecht in der Gruppe über diese Fragen:

a) Was meint Flex?

b) Welche Regeln für Schreibkonferenzen kennt ihr?

3 Lest Linas Geschichte.

A Die aufregende Busfahrt

Gestern nahm ich den Bus zur Sporthalle.

Ich ging in den Bus. Der Fahrer ging

hinter sein Lenkrad. Dann ging der Bus los.

B Alles war wie immer. Aber dann passierte

etwas. Ein Hamster huschte durch den Bus.

Ein Kind rief: „Otto ist nicht mehr in seiner Box."

Über Gesprächsregeln nachdenken, sie anwenden und
sie für eine Schreibkonferenz weiterentwickeln

Im Bus waren plötzlich alle ganz. Da bekam
der Hamster einen richtig großen Schreck
und bewegte gar nicht mehr.

c ◯ Und der Hamster Otto ganz bestimmt auch.
   ◯ Das Kint setzte den Hamster wieder in die Box.
   ◯ Da packte ich ihn und hielt ihn fest.
   ◯ Ale im Bus waren erleichtert.

4 Sprecht in einer Schreibkonferenz über Linas Text.

a) Was gefällt euch
   an Linas Geschichte?

b) Welche Fragen
   habt ihr zu der Geschichte?

c) Welche Tipps
   gebt ihr Lina?

5 Ersetzt einige der unterstrichenen Verben
in Teil A der Geschichte.
Schreibt sie darüber.

Gibt es passende Verben im Text?

6 Welche Sätze in Teil B der Geschichte
sind unverständlich?
Verbessert sie.

Kannst du jeden Satz verstehen?

7 Kontrolliert die Reihenfolge der Sätze
in Teil C der Geschichte.
Schreibt **A B C D** in die Kreise.

Stimmt die Reihenfolge?

8 Verbessert die Fehler
in Teil C der Geschichte.

Sind die Wörter richtig geschrieben?

Eigene Gesprächsbeiträge unter Einhaltung gemeinsam
vereinbarter Regeln formulieren
Einen Text überarbeiten

KV 123
Fö 150/Fo

27

Datum: _____

1 Suche dir zwei Kinder für eine Gruppe für die Aufgaben 2–7.

_____
Unterschriften Gruppenkinder

2 Lest die Geschichte.

Der Streit

Janne hat einen neuen Roboter-Anspitzer. Im Klassenzimmer

zeigt sie ihn stolz Erik. Erik besitzt auch so einen Anspitzer.

Nach der großen Pause sucht Janne ihren Anspitzer und zeigt

auf den von Erik. Der schüttelt den Kopf. Dann beginnen

sie zu streiten. Dann fängt Erik fast an zu weinen.

Dann beginnt die Stunde. Dann holen alle ihre Hefte

aus der Schultasche. Janne auch. Aber was ist das?

Ganz unten in der Tasche schimmert etwas Rotes.

Da liegt ja der Anspitzer. Jetzt ist alles wieder gut.

3 Was gefällt euch an der Geschichte gut?
Sprecht darüber.

Sind die Satzanfänge unterschiedlich?

4 Welche Satzanfänge wiederholen sich? Markiert sie.
Verbessert dann die markierten Satzanfänge im Text.

Gibt es wörtliche Rede?

5 An welchen Stellen im Text könnten diese Redesätze stehen?
Setzt farbige Punkte an die passenden Stellen.

- Janne sagt stolz: „Schau mal, den habe ich von meiner Oma bekommen."
- Janne ruft: „Erik, du hast meinen Anspitzer. Gib ihn her."
- Erik antwortet: „Quatsch. Das ist ganz sicher meiner."
- Janne entschuldigt sich: „Erik, tut mir leid, war nicht so gemeint."

6 Vergleicht die Geschichte mit wörtlicher Rede und ohne wörtliche Rede.
Welche Geschichte gefällt euch besser? Begründet.

28 80-81

Satzanfänge überprüfen und verbessern
Redesätze in eine Streitgeschichte einfügen
Die eigene Meinung vortragen und begründen

KV 124
Fö 151, 152/Fo
HR

 **1** Suche dir zwei Kinder für eine Gruppe
für die Aufgaben 3–5.

_____

Unterschriften Gruppenkinder

 **2** Kim und Luca haben einen Text über ein Fantasietier geschrieben.
Lest den Text.

Kratzknirsche leben im Klassenzimmer.

winzige
Es sind <u>Tiere</u>. Sie sind nur ca. 5 mm lang.

Sie haben einen <u>Körper</u> und <u>Beine</u>.

Mit ihren <u>Saugfüßen</u> kleben sie an der Tafel.

Ihre <u>Haut</u> schimmert.

Man kann sie an einer <u>Tafel</u> kaum erkennen.

 **3** Was gefällt euch an dem Text? Sprecht darüber.

Gibt es passende Adjektive im Text?

 **4** Mit Adjektiven könnt ihr Nomen genauer beschreiben.
Setzt passende Adjektive vor die unterstrichenen Nomen von Aufgabe 2.

 **5** Lest den Text. Das Verb **essen** wiederholt sich.
Durch welche Verben könnt ihr es ersetzen? Schreibt das Wort darüber.

schmatzen	verschlingen	knabbern	fressen
kauen	schlingen	verdrücken	mampfen	futtern

Kratzknirsche haben immer Hunger. Sie **essen** alles, was sie kriegen

können. Schon am frühen Morgen beginnen sie zu **essen**.

Besonders gern **essen** sie Tafelkreide. Sie **essen** so lange,

bis nur noch kleine Kreidestummel übrig sind. Während sie **essen**,

knirschen sie mit den Zähnen. Das will wirklich niemand hören.

Eigene Gesprächsbeiträge unter Einhaltung gemeinsam
vereinbarter Regeln formulieren
Einen Text überarbeiten

Fö 153, 154/Fo
HR

81

29

Einen Text inhaltlich ...

 **1** Suche dir zwei Kinder für eine Gruppe für die Aufgaben 3–6.

_____
Unterschriften Gruppenkinder

 **2** Lest die E-Mail.

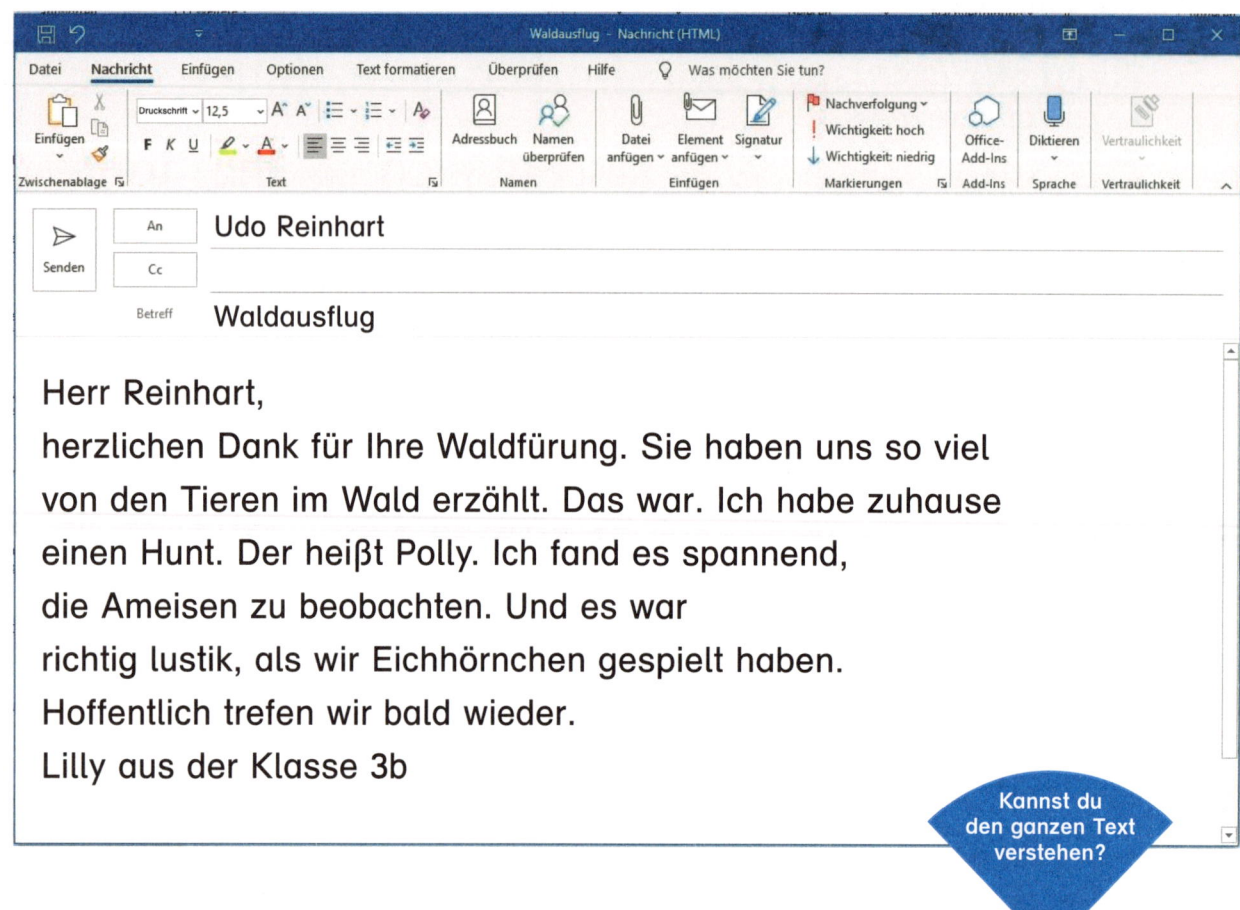

An: Udo Reinhart

Betreff: Waldausflug

Herr Reinhart,

herzlichen Dank für Ihre Waldfürung. Sie haben uns so viel
von den Tieren im Wald erzählt. Das war. Ich habe zuhause
einen Hunt. Der heißt Polly. Ich fand es spannend,
die Ameisen zu beobachten. Und es war
richtig lustik, als wir Eichhörnchen gespielt haben.
Hoffentlich trefen wir bald wieder.
Lilly aus der Klasse 3b

Kannst du den ganzen Text verstehen?

 3 Sprecht in der Gruppe über diese Fragen:

a) Um welche Textsorte handelt es sich?

b) Warum wurde der Text geschrieben?

c) Was gefällt euch an dem Text?

Sind die Besonderheiten einer E-Mail beachtet?

 **4** Überprüft den Text mit dem blauen Teil des Überarbeitungskreises.

a) Welche Sätze sind unverständlich? Verbessert sie.

b) Welche Sätze passen nicht zum Thema? Streicht sie durch.

Kannst du jeden Satz verstehen?

Passen alle Sätze zum Thema?

5 Überprüft den Text mit dem orangefarbenen Teil des Überarbeitungskreises.

a) Stimmt die Reihenfolge? Kreuze an. ☐ Ja ☐ Nein

b) Welche Bestandteile einer E-Mail fehlen? Kreuze an.

☐ E-Mail-Adresse mit @

☐ Betreffzeile

☐ höfliche Anrede mit Komma

☐ Text

☐ Grüße und Unterschrift

Stimmt die Reihenfolge?

Sind die Wörter richtig geschrieben?

6 Verbessert die vier Rechtschreib-Fehler im Text.

7 Schreibe den Text der überarbeiteten E-Mail ab.

Von Erlebnissen erzählen und darüber schreiben

1 Suche dir ein Partnerkind für die Aufgaben 2 und 3.

_____
Unterschrift Partnerkind

2 Sprecht über diese Fragen:

a) Was meint Flora?

b) Welche Erlebnisse mit Feuer hattet ihr schon?

3 Sammelt eure Ideen für eine **Feuer**-Geschichte in einem Gedankenschwarm.

(Feuer)

4 Entscheide dich für eine Idee aus dem Gedankenschwarm.
Schreibe deine Geschichte zum Thema **Feuer** ins Heft.

Eigene Gesprächsbeiträge formulieren
Nachvollziehbar und zusammenhängend von eigenen Erlebnissen berichten
Ideen im Gedankenschwarm sammeln und eine Geschichte schreiben   HR

5 Lies die Geschichte.

Der Brand

Am Montag ging ich mit meinem Freund
die Sebastianstraße entlang. Auf einmal sahen wir
Qualm. Wir gingen weiter und konnten das Feuer
schon riechen. Was war da nur passiert?
Auf der Straße standen Feuerwehrautos
und Rettungswagen. Die Feuerwehrleute gingen
in das brennende Haus. Eine Ärztin ging schnell
aus dem Haus auf die Straße. Wir beobachteten
alles eine Weile aus sicherer Entfernung.
Als der Brand fast gelöscht war, gingen wir nach Hause.
Zum Glück wurde niemand bei dem Brand verletzt.

6 Welches Verb kommt in der Geschichte häufig vor? Markiere es.

7 Lies die Verben des Wortfeldes **gehen**.
Welche Verben passen noch? Schreibe.

Wortfeld **gehen**
rennen   spurten   sprinten   eilen   wandern   spazieren   laufen   stolpern

8 Überarbeite die Geschichte von Aufgabe 5
mit dem Überarbeitungskreis.
Ersetze einige markierte Verben durch passendere Verben
aus dem Wortfeld **gehen**. Schreibe den Text ins Heft.

Gibt es
passende
Verben
im Text?

Eine **Erlebnisgeschichte** ist eine **wahre Geschichte** oder eine **Geschichte,
die so passiert sein könnte.** Sie ist so erzählt, dass du dich gut
in die Geschichte **hineindenken** und **einfühlen** kannst.

Verbwiederholungen in einer Geschichte erkennen
Verben zum Wortfeld *gehen* sammeln
Eine Geschichte sprachlich überarbeiten   Fö 157

85   33

Eine Erlebnisgeschichte schreiben

Datum: _____

1 Wähle ein Thema aus und kreuze es an.
Du kannst dir auch selbst ein Thema ausdenken und aufschreiben.

☐ Nachtwanderung   ☐ Fahrradpanne   ☐ Sportplatz

☐ Überraschung   ☐ _____

2 Schreibe Ideen zu deinem Thema von Aufgabe 1. Nutze den roten Faden.

Wer ist die Hauptfigur?	
Wo spielt die Geschichte?	
Welches Problem gibt es?	
Wie fühlt sich die Hauptfigur?	
Was passiert dann?	
Wie endet die Geschichte?	

3 Schreibe zu deinem Thema eine Erlebnisgeschichte ins Heft.

Passt die Überschrift?

4 Finde eine passende Überschrift für deine Geschichte.

5 Suche dir zwei Kinder für eine Gruppe.
Führt eine Schreibkonferenz durch.
Verwendet den Überarbeitungskreis.

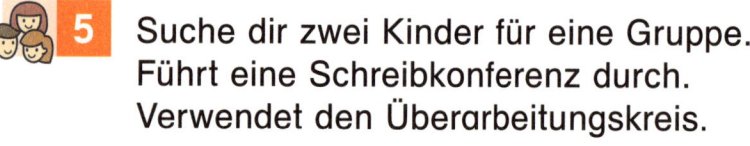

_____
Unterschriften Gruppenkinder

Schreibideen mithilfe der W-Fragen des roten Faden sammeln
Eine Erlebnisgeschichte schreiben
Sich in einer Schreibkonferenz beraten und austauschen

KV 126
Fö 158/Fo

Eine Erlebnisgeschichte überarbeiten

1 Lies den Text.

Ausflug in den Wald

Am Walderlebnispfad erwartete uns schon der Förster.

wanderten

Mit ihm ~~gingen~~ wir los. Zuerst gingen wir

über einen Barfußpfad. Dann gingen

alle Kinder zu einer Baumrindenstation.

Wir sahen uns die Rinden verschiedener

Bäume an. Nun gingen alle Kinder zu einem

Waldstück, in dem Tiere aus Holz versteckt waren.

Einige von uns sahen Rehe, Wildschweine, Vögel und Hasen.

Simon sah auch einen Fuchs. Merle sah ein Eichhörnchen.

Neugierig gingen alle zur nächsten Station. Mit Becherlupen sahen wir uns

winzige Insekten an. Am Ende gingen wir müde zur Schule zurück.

> Ich habe über unseren Ausflug für unsere Homepage geschrieben.

> Das sind Wörter aus dem Wortfeld **sehen**: beobachten, entdecken, erkennen, erspähen, betrachten, anschauen, …

2 Überarbeite den Text mit dem Überarbeitungskreis.
Streiche einige Verben durch. Notiere passendere Verben
aus den Wortfeldern **gehen** und **sehen** über der Textstelle.

> Gibt es passende Verben im Text?

3 Lies einem Partnerkind den Text von Aufgabe 1 zuerst ohne
und dann mit deinen Veränderungen vor.
Welche Stelle hat ihm besonders gut gefallen?
Kennzeichne sie mit einem Smiley ☺.

_____
Unterschrift Partnerkind

4 Schreibe einen Text über einen Ausflug ins Heft und überarbeite ihn.

Eine Erlebnisgeschichte sprachlich überarbeiten
Einen Text präsentieren und Rückmeldung einholen
Eine Erlebnisgeschichte schreiben und überarbeiten

KV 127
Fö 159/Fo

T3

35

Ein Rondell kennenlernen

Schau mal, ein Gedicht.

Party

1 Heute ist mein Geburtstag.
2 Ich freue mich.
3 Viele Gäste kommen.
4 Heute ist mein Geburtstag.
5 Papa grillt Würstchen.
6 Wir feiern ein tolles Fest.
7 Heute ist mein Geburtstag.
8 Ich freue mich.

In dem Gedicht ist ja ganz viel gleich.

1 Was meint Flex? Sprecht darüber.

2 In drei Versen steht der gleiche Satz. Schreibe die Nummern der Verse.

Vers: 1,

3 In zwei Versen steht der gleiche Satz. Schreibe die Nummern der Verse.

Ein **Rondell** ist ein besonderes **Gedicht**.
Es besteht aus **acht Versen**. In jedem Vers steht ein Satz.
Im 1., 4. und 7. Vers steht der wichtigste Satz.
Im 2. und 8. Vers steht ein anderer wichtiger Satz.
Im 3., 5. und 6. Vers stehen jeweils verschiedene Sätze.

---

4 Lies das Gedicht einem Partnerkind vor.
Betone den wichtigsten Vers.

_____
Unterschrift Partnerkind

5 Lies die Ideen zum Thema **Schwimmen** im Gedankenschwarm.
Welche Ideen hast du? Schreibe.

Schwimmen

tauchen

Wasser

Fisch

6 Lies den Anfang des Rondells.

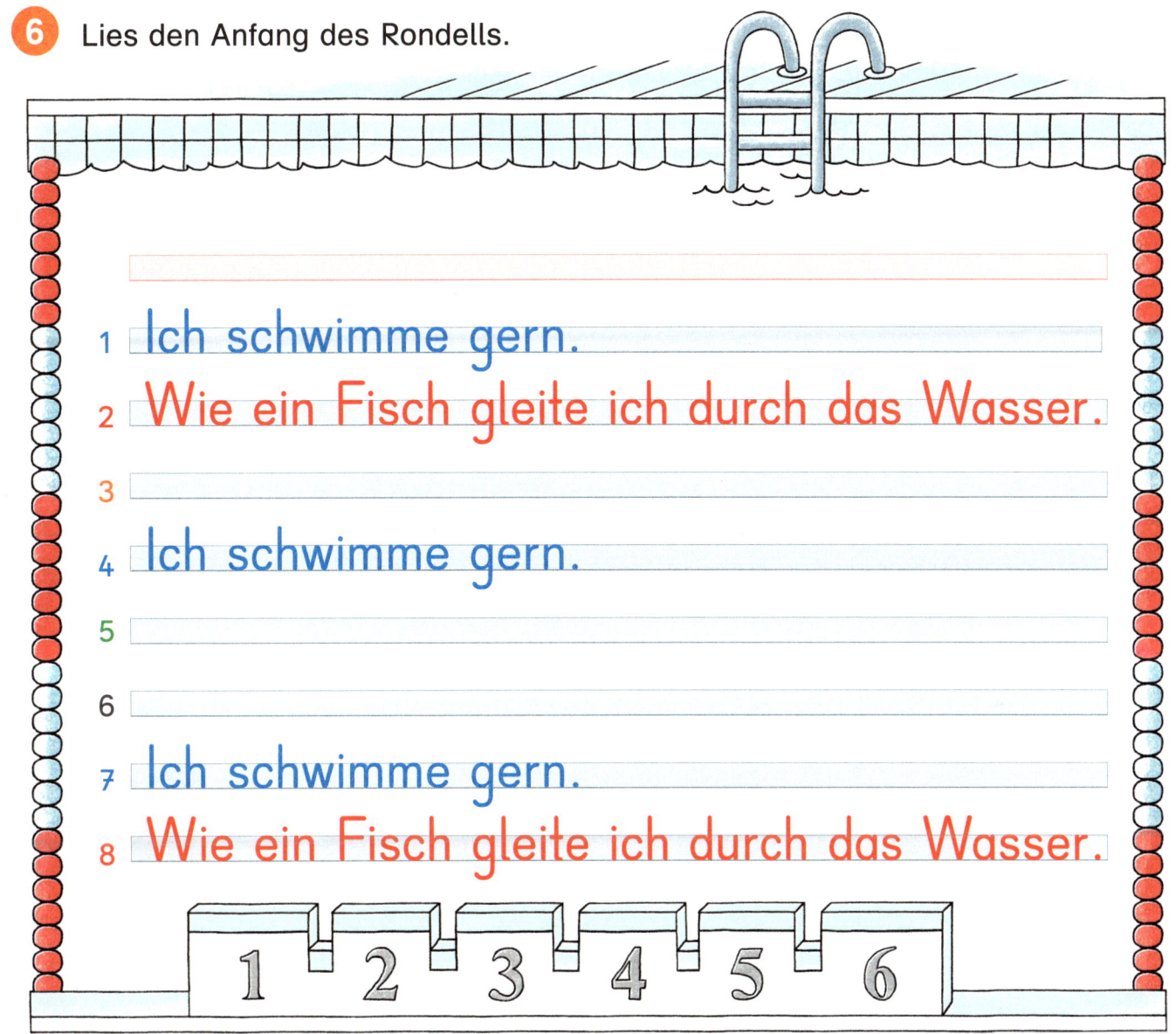

1 Ich schwimme gern.
2 Wie ein Fisch gleite ich durch das Wasser.
3
4 Ich schwimme gern.
5
6
7 Ich schwimme gern.
8 Wie ein Fisch gleite ich durch das Wasser.

1   2   3   4   5   6

7 Schreibe drei passende Verse zum Thema **Schwimmen**
in die freien Zeilen.
Deine Ideensammlung aus dem Gedankenschwarm kann dir helfen.

8 Lies das Rondell mehrmals halblaut.
Schreibe eine Überschrift.

9 Lies einem Partnerkind das Rondell vor.
Sprich die Verse, die sich wiederholen,
besonders deutlich.
Welche Stelle hat deinem Partnerkind besonders gut gefallen?
Kennzeichne sie mit einem Smiley ☺.

_____
Unterschrift Partnerkind

Ein Rondell lesen und ergänzen
Ein Rondell vortragen
Feedback zum Rondell-Vortrag einholen

KV 128
Fö 160, 161/Fo
HR

86   37

1 Was machst du gern?
Sammle deine Ideen in einem Gedankenschwarm.

2 Welche zwei Wörter aus deinem Gedankenschwarm
sind dir besonders wichtig?
Markiere sie.

3 Schreibe ein Rondell.

a) Bilde mit deinem wichtigsten Wort einen Satz.
   Schreibe ihn in die Zeilen 1, 4 und 7 auf Seite 39.

b) Bilde mit dem anderen Wort einen Satz.
   Schreibe ihn in die Zeilen 2 und 8.

c) Schreibe jeweils passende Sätze für die Verse 3, 5 und 6.

Ideen in einem Gedankenschwarm sammeln
Sätze bilden und damit ein Rondell schreiben

Datum: _____

1

2

3

4

5

6

7

8

4 Lies das Rondell mehrmals. Schreibe eine Überschrift.

5 Lies das Rondell einem Partnerkind vor.
Sprich die Verse, die sich wiederholen,
besonders betont.

_____
Unterschrift Partnerkind

6 Vergleiche die beiden Darstellungen des Rondells **Party**.
Schreibe und gestalte dann dein Rondell am Computer.

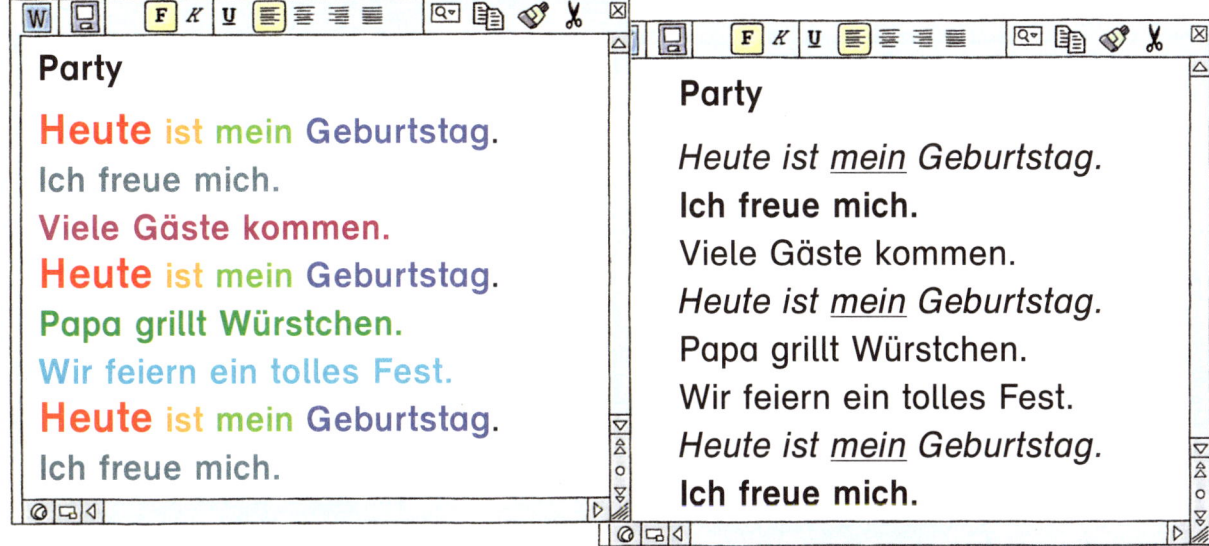

Eine Überschrift für ein Rondell finden
Ein Rondell angemessen vortragen
Die Gestaltung eines Rondells prüfen und selbst umsetzen

KV 129
Fö 162
HR

86

39

E-Mails und Briefe schreiben

Datum: _____

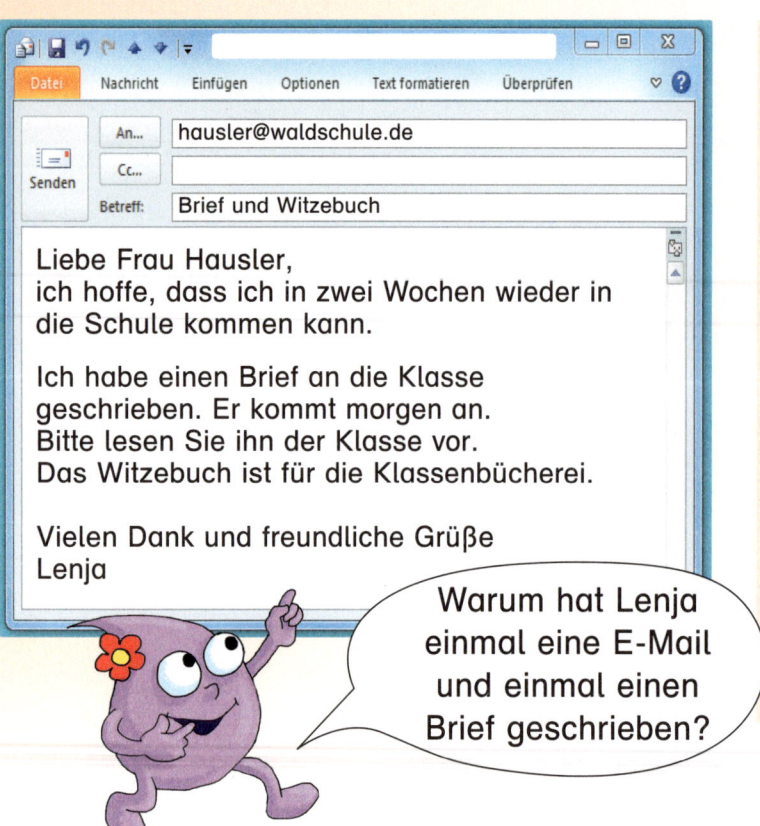

Köln, 01.10.2022

Liebe Klasse 3b,
wie geht es euch?
Ich muss noch zwei Wochen zu Hause
bleiben. Das ist ziemlich langweilig.

Was macht ihr so in den Pausen?
Welche lustigen Dinge sind
in der letzten Zeit passiert?
Kennt ihr neue Witze?

Ich habe ein Witzebuch bekommen.
Das schicke ich euch mit diesem Brief.
Mein Lieblingswitz steht auf Seite 25.

Ich freue mich auf eure Antworten.

Viele Grüße
Lenja

E-Mail:

An... hausler@waldschule.de
Cc...
Betreff: Brief und Witzebuch

Liebe Frau Hausler,
ich hoffe, dass ich in zwei Wochen wieder in
die Schule kommen kann.

Ich habe einen Brief an die Klasse
geschrieben. Er kommt morgen an.
Bitte lesen Sie ihn der Klasse vor.
Das Witzebuch ist für die Klassenbücherei.

Vielen Dank und freundliche Grüße
Lenja

Warum hat Lenja einmal eine E-Mail und einmal einen Brief geschrieben?

1 Sprich mit einem Partnerkind.
Beantwortet Floras Frage.

_____
Unterschrift Partnerkind

In **E-Mails** und **Briefen** kannst du jemanden informieren, etwas erzählen oder um etwas bitten. Du schreibst sie in der Ich-Form und so, dass sie zum Empfänger und zum Thema passen. E-Mails und Briefe haben beide eine besondere Form.

2 Welche Bestandteile findest du in der E-Mail, welche im Brief? Kreuze an.
Unterstreiche die Bestandteile oben in den passenden Farben.

	E-Mail	Brief
Ort und Datum	☐	☐
Anrede mit Komma	☐	☐
Text	☐	☐
Grüße und Unterschrift	☐	☐
E-Mail-Adresse mit @-Zeichen	☐	☐
Betreffzeile	☐	☐

E-Mails und Briefe vergleichen: Vorteile feststellen,
formale Gemeinsamkeiten und Unterschiede erkennen

HR

3 Was könntest du Lenja schreiben?
Schreibe einen Antwortbrief an sie.
Denke an **Ort und Datum**,
Anrede mit Komma,
Grüße und Unterschrift.

Ich schreibe Lenja, dass sie mir fehlt.

 **4** Lies deinen Brief einem Partnerkind vor.
Sind alle Teile eines Briefs vorhanden?
Überprüft gemeinsam.

_____

Unterschrift Partnerkind

Einen Brief formal richtig schreiben
Einen Brief präsentieren
Einen Brief hinsichtlich Inhalt und Formalien überprüfen

KV 130
Fö 163, 164/Fo

87   41

1 Suche dir ein Partnerkind für
die Aufgaben 2 – 5.

Unterschrift Partnerkind

2 Das Klassenfest der 3c am kommenden Freitag kann nicht
auf dem Sportplatz stattfinden. Es wird in die Turnhalle verlegt.
Lest die E-Mail an die Eltern, an die frühere Mathelehrerin der 3c
und an Frau Schneider vom Sportplatz.

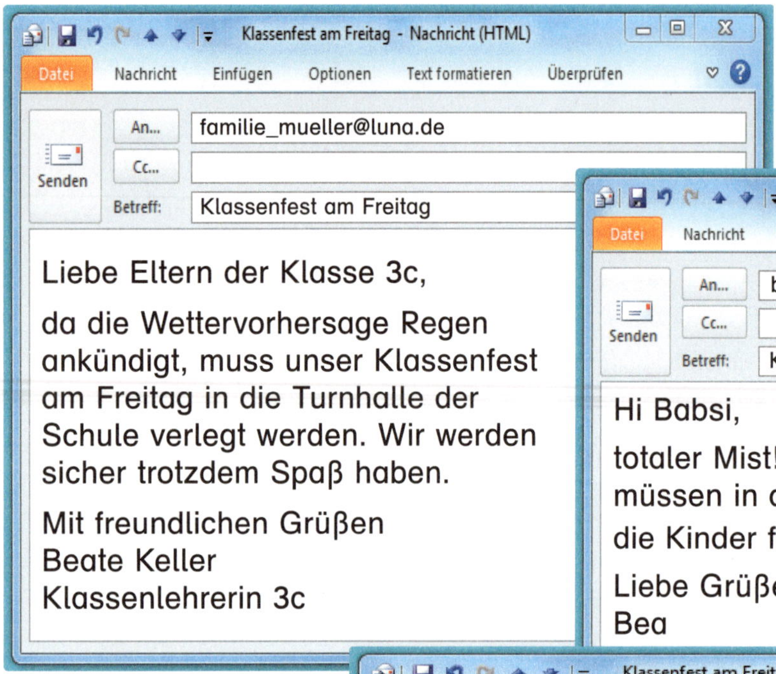

Klassenfest am Freitag - Nachricht (HTML)

Datei Nachricht Einfügen Optionen Text formatieren Überprüfen

Senden

An... familie_mueller@luna.de
Cc...
Betreff: Klassenfest am Freitag

Liebe Eltern der Klasse 3c,

da die Wettervorhersage Regen
ankündigt, muss unser Klassenfest
am Freitag in die Turnhalle der
Schule verlegt werden. Wir werden
sicher trotzdem Spaß haben.

Mit freundlichen Grüßen
Beate Keller
Klassenlehrerin 3c

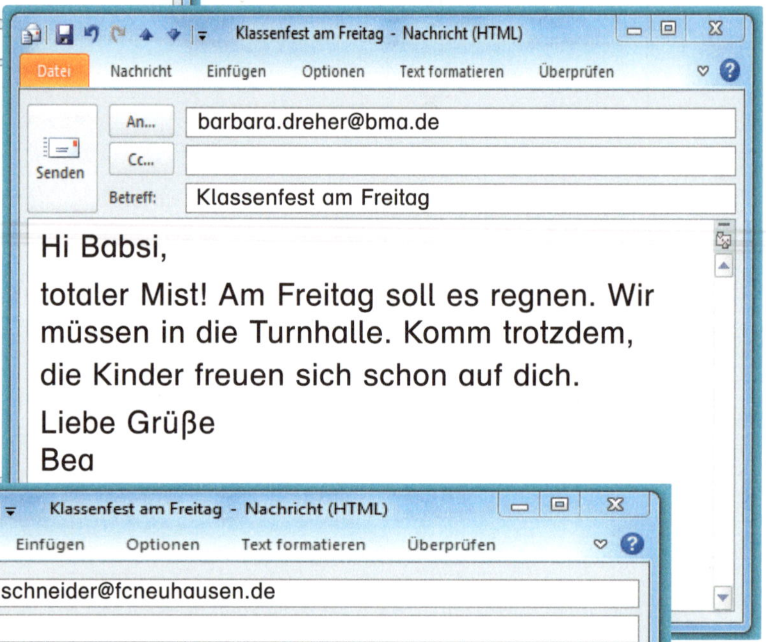

Klassenfest am Freitag - Nachricht (HTML)

Datei Nachricht Einfügen Optionen Text formatieren Überprüfen

Senden

An... barbara.dreher@bma.de
Cc...
Betreff: Klassenfest am Freitag

Hi Babsi,

totaler Mist! Am Freitag soll es regnen. Wir
müssen in die Turnhalle. Komm trotzdem,
die Kinder freuen sich schon auf dich.

Liebe Grüße
Bea

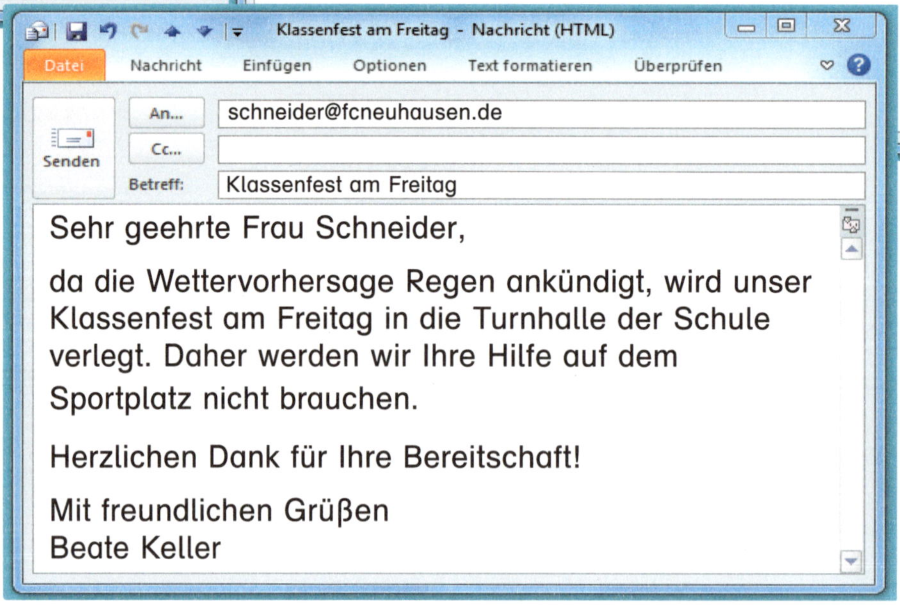

Das Thema in der
Betreffzeile ist hier
immer gleich.

Klassenfest am Freitag - Nachricht (HTML)

Datei Nachricht Einfügen Optionen Text formatieren Überprüfen

Senden

An... schneider@fcneuhausen.de
Cc...
Betreff: Klassenfest am Freitag

Sehr geehrte Frau Schneider,

da die Wettervorhersage Regen ankündigt, wird unser
Klassenfest am Freitag in die Turnhalle der Schule
verlegt. Daher werden wir Ihre Hilfe auf dem
Sportplatz nicht brauchen.

Herzlichen Dank für Ihre Bereitschaft!

Mit freundlichen Grüßen
Beate Keller

3 Unterstreicht in jeder E-Mail die Anrede rot und die Grüße blau.

4 Frau Keller schreibt jede E-Mail anders.
Sprecht über die Gemeinsamkeiten und Unterschiede.

Von Vorerfahrungen mit E-Mails berichten
Unterschiede in E-Mails erkennen
E-Mails analysieren und sich dazu austauschen

5 Dein ehemaliger Mitschüler Luis ist auch zum Klassenfest eingeladen.
Schreibe eine E-Mail an ihn. Erfinde dafür eine E-Mail-Adresse.

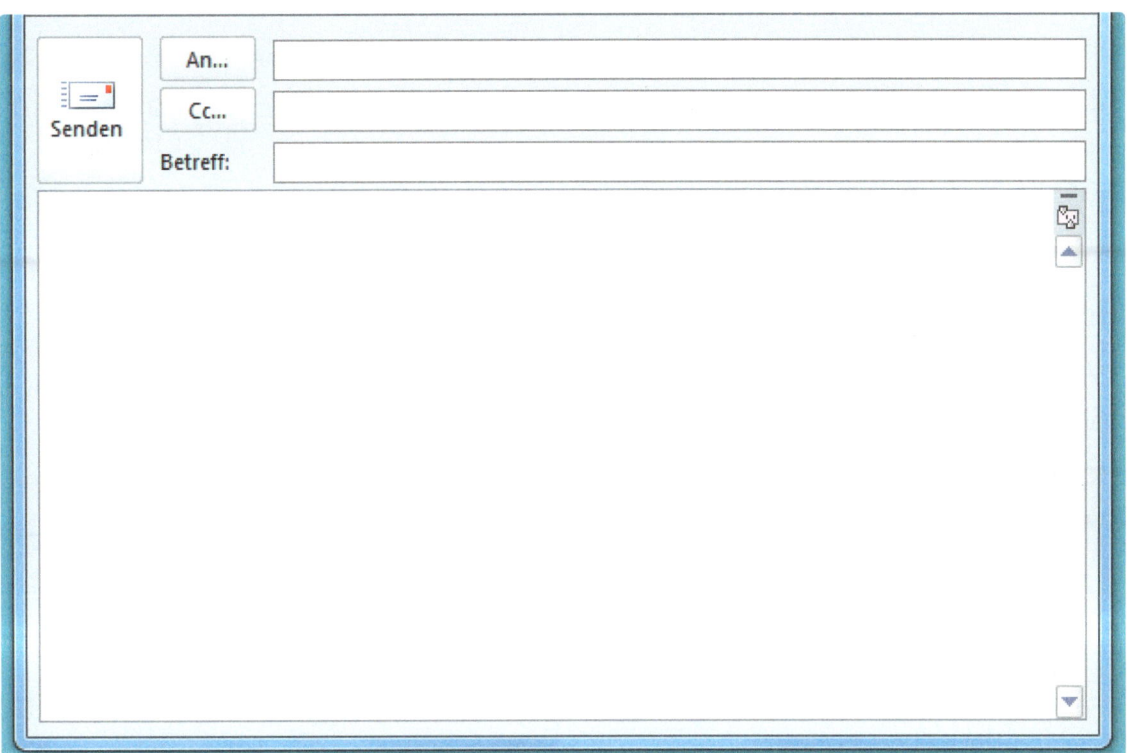

6 Herr Kramer vom Getränkemarkt muss die Getränke nun
in die Turnhalle liefern.
Schreibe eine E-Mail an *kramer@getränke.de*.

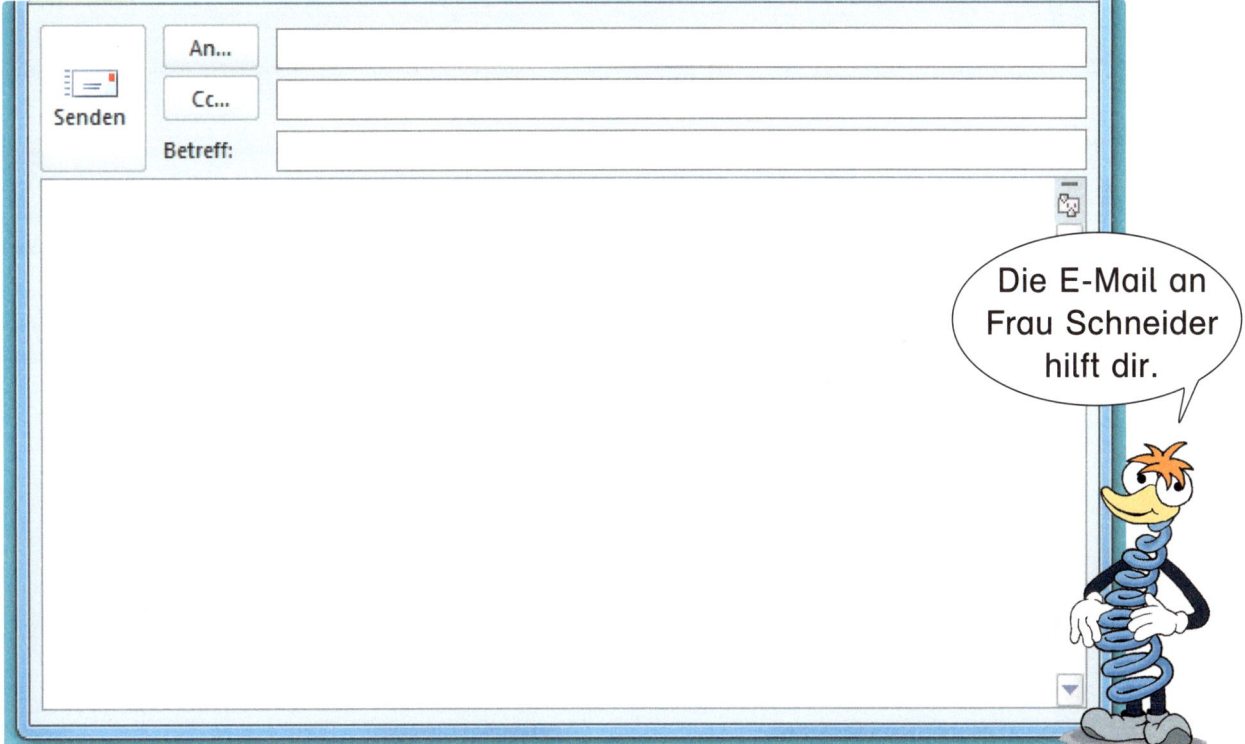

Die E-Mail an Frau Schneider hilft dir.

Datum: _____

1 Lies die Anlässe für E-Mails und Briefe.

Dank an Frau Meier aus der Bücherei für die tolle Bibliotheksführung ☐	Anfrage im Kino wegen einer Schulvorstellung ☐	Dank an die Großeltern für das Ferientaschengeld ☐

Einladung zur Geburtstags-feier an deine Patentante Sara ☐	Bitte an den Zoo um Informations-material zum Artenschutz-projekt ☐	Glückwünsche an meinen Cousin Timo zur Führer-scheinprüfung ☐

Erfinde eine E-Mail-Adresse.

2 Wähle einen Anlass von Aufgabe 1 aus. Kreuze an.

3 Schreibe zu deinem Anlass von Aufgabe 1 eine E-Mail.

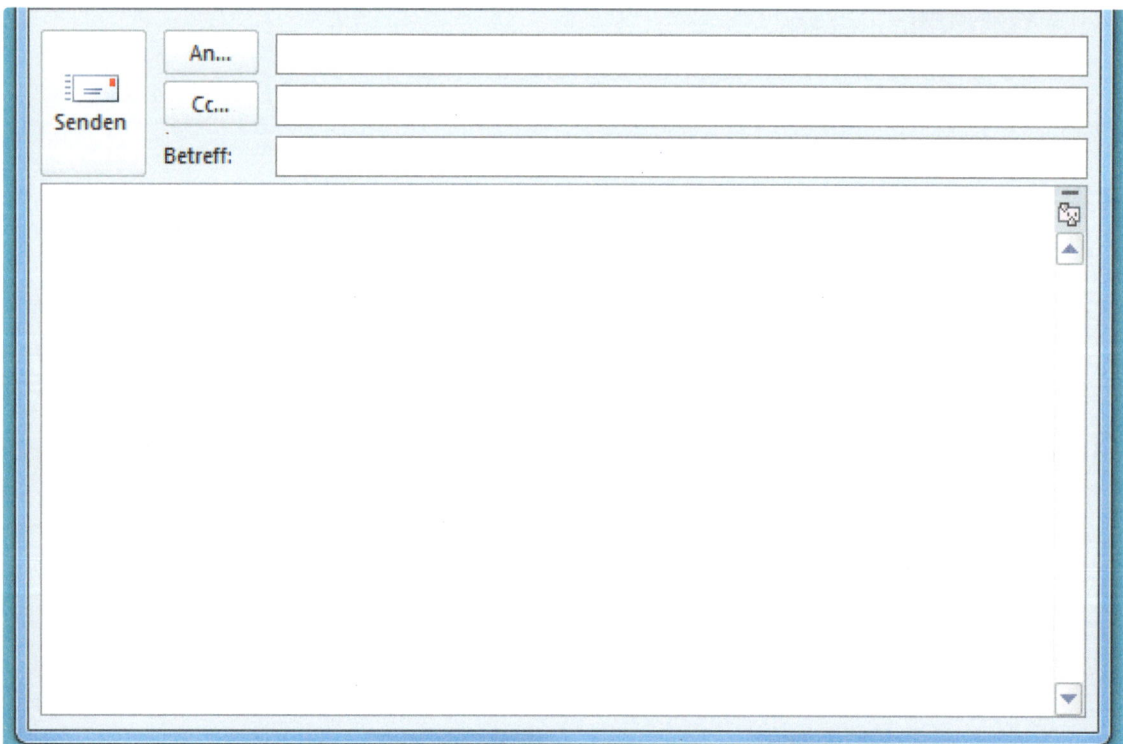

Senden

An...

Cc...

Betreff:

4 Wähle einen anderen Anlass aus. Schreibe einen Brief ins Heft.

Einen Schreibanlass auswählen und eine passende Mail schreiben   KV 131
Einen Schreibanlass auswählen und einen passenden Brief schreiben   Fö 165

Eine E-Mail überarbeiten

1 Lies die E-Mail.

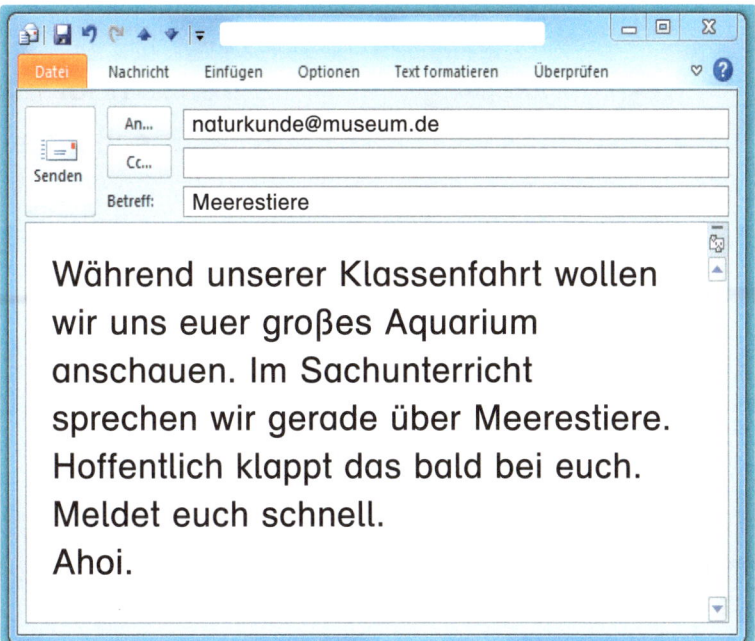

So ist das noch nicht richtig.

An... naturkunde@museum.de

Betreff: Meerestiere

Während unserer Klassenfahrt wollen wir uns euer großes Aquarium anschauen. Im Sachunterricht sprechen wir gerade über Meerestiere. Hoffentlich klappt das bald bei euch. Meldet euch schnell. Ahoi.

2 Überprüfe die E-Mail von Aufgabe 1 mit dieser Liste.
Kreuze an.

	ja	nein
E-Mail-Adresse mit @ Die E-Mail-Adresse ist vollständig.	☐	☐
Betreffzeile Hier steht das Thema der E-Mail.	☐	☐
Anrede mit Komma Die Anrede passt zum Empfänger der E-Mail.	☐	☐
Grüße und Unterschrift Die Grüße passen zum Empfänger der E-Mail.	☐	☐
Höflich formuliert Die Formulierungen passen zum Empfänger und zum Anlass.	☐	☐

3 Verbessere die E-Mail von Aufgabe 1 mit der Liste von Aufgabe 2.
Schreibe die verbesserte E-Mail ins Heft.

Genau beschreiben

1 Sprich mit einem Partnerkind.
Was meint Flora?

_____
Unterschrift Partnerkind

2 Schau die Monster im Bild oben an und lies die Sätze.
Welche Adjektive fehlen? Schreibe.

Im Regal sitzen vier Monster mit   grünen   Körpern.
(gelben – blauen – grünen)

Zwei Monster haben   gelbe   Körper.
(blaue – gelbe – grüne)

Drei Monster haben rote,   eckige   Augen.
(runde – eckige – ovale)

Die Beine von zwei Monstern sind gelb und   dünn   .
(dick – dünn)

Nur ein Monster hat   lange   Ohren.
(lange – kurze)

Nutzen einer genauen Beschreibung erkennen
Ein Bild mit einem Text vergleichen
Adjektive für eine Beschreibung auswählen

3 Lies die drei Beschreibungen.

> Mein Monster hat einen Körper.
> Es hat Beine.
> Es hat Augen.
> Es hat Ohren.

> Mein Monster hat einen ovalen Körper.
> Es hat dünne Beine.
> Es hat eckige Augen.
> Es hat runde Ohren.

Finde mein Monster!

> Mein Monster hat einen ovalen, grünen Körper.
> Es hat dünne, gelbe Beine.
> Es hat eckige, braune Augen.
> Es hat runde, blaue Ohren.

4 Markiere:

a) Welche Wörter sind im zweiten Text dazugekommen?

b) Welche Wörter sind im dritten Text dazugekommen?

5 Wähle ein Monster von Seite 46 aus.
Beschreibe es im Heft.

6 Lies deine Beschreibung einem Partnerkind vor.
Lass dir das Monster im Bild zeigen.

_____
Unterschrift Partnerkind

> Wenn du eine Sache, ein Tier oder eine Figur beschreibst, musst du das **sehr genau** machen. Dann kann man sich gut vorstellen, was du meinst. Für eine genaue **Beschreibung** sind **Adjektive** hilfreich.

Beschreibungen vergleichen
Eine eigene Beschreibung verfassen
Beim Zuhören Informationen identifzieren und verknüpfen

Fö 167/Fo
HR

89   **47**

Einen Gegenstand beschreiben

1 Lies die Beschreibung von Tims Koffer. Male und ergänze.

Mein Koffer hat eine große Vordertasche mit Reißverschluss. Er hat zwei Griffe, einer ist oben und der andere ist an der Seite. Der Koffer ist rot und aus Stoff. Am Reißverschluss der Vordertasche hängt ein Plüschdino. Am oberen Griff ist eine grüne Schleife.

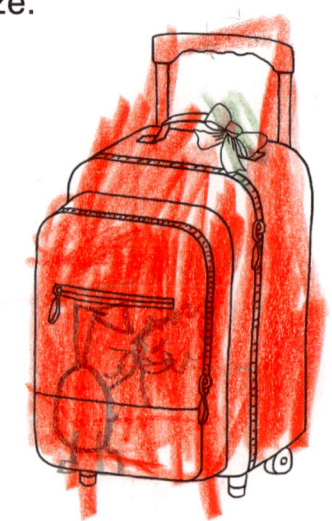

2 Finde Tims Koffer im Bild. Kreise ihn ein.

3 Wähle einen anderen Koffer im Bild von Aufgabe 2 aus. Beschreibe ihn.

Mein Koffer hat einen Griff,
Mein Koffer ist grün und
hat blaue Streifen

4 Lies deine Beschreibung einem Partnerkind vor.
Lass dir den Koffer im Bild zeigen.

_____
Unterschrift Partnerkind

Ein Bild aufgrund einer Beschreibung ergänzen
Einen Gegenstand genau beschreiben
Beim Zuhören Informationen identifizieren und verknüpfen

KV 133
HR

Ein Tier beschreiben

1 Malik und Armina wünschen sich Meerschweinchen.
Schau dir das Bild an.

Alle sind anders:
bunt, einfarbig,
struppig, glatt, …

2 Malik hat sich das Meerschweinchen rechts ausgesucht.
Er beschreibt es seiner Mutter ganz genau. Schreibe.

Mein Meerschweinchen

ist bunt, und struppig und 3 cm
lang, Die Farben sind orange
und rot und weiß und schware.

3 Wähle ein anderes Meerschweinchen im Bild von Aufgabe 1 aus.
Beschreibe es im Heft.

4 Lies einem Partnerkind deine Beschreibung vor.
Findet es das Meerschweinchen im Bild? _____
Unterschrift Partnerkind

5 Welches Tier wünschst du dir? Beschreibe es genau im Heft.

Ein Tier genau beschreiben
Beim Zuhören Informationen identifizieren und verknüpfen
Eine Tierbeschreibung verfassen

KV 134
Fö 168/Fo
HR

49

Eine Tierbeschreibung überarbeiten

1 Lies den Text.

Katze Mauz

Mauz hat ein <u>Fell</u>.　　　　　*graues*
　　　　　　　　　　　　　　　weißen

Auf der Brust hat sie einen <u>Fleck</u>.

Sie hat <u>Augen</u>.　　　　　*grüne*

und eine <u>Nase</u>.　　　　　*schwarze*

Mauz schleicht leise

auf ihren <u>Pfoten</u>.　　　　*grau*

Aber sie kann auch ihre <u>Krallen</u>　　*scharf*
ausfahren.

2 Schreibe passende Adjektive zu den unterstrichenen Nomen von Aufgabe 1.

scharf	grau	orange	lang	schwarz	weich
rosa	weiß	glatt	rot	getigert	grün

3 Überarbeite die Beschreibung von Aufgabe 1.
Verwende Adjektive.

> Gibt es passende Adjektive im Text?

Katze Nobi hat ein weiß schwarzes Fell sie hat grüne Augen. Und eine rote Nase. Nobis Pfoten sind weiß

4 Lies deine Beschreibung einem Partnerkind vor.
Erkennt es die Katze, die du beschrieben hast?

_____
Unterschrift Partnerkind

Passende Adjektive für eine Beschreibung ergänzen
Eine Tierbeschreibung überarbeiten
Beim Zuhören Informationen identifizieren und verknüpfen　　　　Fö 168

Eine Beschreibung verfassen

1 Lies den Anfang des Textes.

Mein geheimes Monster

Unter meinem Bett lebt ein richtig

freundliches Monster.

Tagsüber ist es nicht zu sehen,

aber abends wird es munter.

Dann kann ich es ganz genau sehen. …

2 Wie sieht dein Monster aus?
Ergänze Arme, Beine und Hörner. Male es an.

3 Schreibe den Text weiter.

Mein Monster hat 12 Augen und
2 Hörner und 5 Zähne. Es hat 2
Beine und 2 Arme. Die 2 hne sind
rot

4  Suche dir zwei Kinder für eine Gruppe.
Führt eine Schreibkonferenz durch.
Verwendet den Überarbeitungskreis.

zwei
_____
Unterschriften Gruppenkinder

Ein Monsterbild mit eigenen Ideen ergänzen
Eine Beschreibung passend zu einem Textanfang verfassen
Sich in einer Schreibkonferenz beraten und austauschen   KV 135

51

T4

Mit Sprache spielen

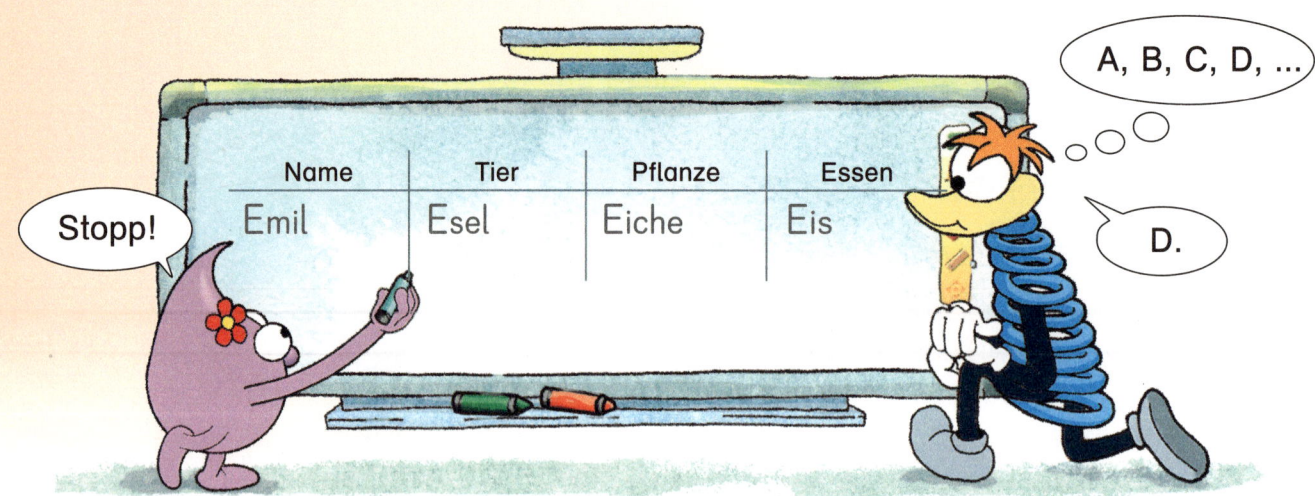

1 Suche dir zwei Kinder für eine Gruppe
für die Aufgaben 2–4.

_____
Unterschriften Gruppenkinder

2 Welches Spiel spielen Flex und Flora? Sprecht darüber.

3 Spielt das Spiel von Flex und Flora gemeinsam.

Name	Tier	Pflanze	Essen
Emil	Esel	Eiche	Eis

4 Schreibt einen eigenen Spielplan auf ein Blatt.
Ihr könnt Überschriften von Aufgabe 3 benutzen oder neue erfinden.

Beruf		

5 Nun arbeitet jeder allein.
Bilde mit mindestens drei Wörtern einer Zeile
aus dem Spiel von Aufgabe 3 oder 4 einen Satz im Heft.
Der Esel Emil steht unter einer Eiche und ...

Ein Sprachspiel erkennen
Wörter zu Oberbegriffen im Rahmen eines Sprachspiels finden
Eigene Oberbegriffe für ein Sprachspiel finden

Fö 169

Mit Buchstaben spielen

1 Lies den Satz. Markiere alle Anfangsbuchstaben.

> **M**utige Mäuse mögen manchmal Marmelade.

Du kannst auch in einem Wörterbuch nachschlagen.

2 Lies die Wörter in der Tabelle.
Schreibe weitere Wörter dazu.

Adjektive	Nomen	Verben
mehlig	Mechaniker	maulen
matt	Matsch	merken

3 Welche Wörter von Aufgabe 2 willst du für deinen Satz verwenden?
Markiere sie. Schreibe damit einen Satz.
Jedes Wort deines Satzes muss mit dem gleichen Buchstaben beginnen.

_____

_____

4 Suche dir zwei Kinder für eine Gruppe.

Unterschriften Gruppenkinder

5 Lest euch gegenseitig die Sätze von Aufgabe 3 vor.

6 Wählt einen Buchstaben aus dem Kasten aus.
Bildet gemeinsam einen Satz und schreibt ihn.
Jedes Wort muss
mit dem gleichen Buchstaben beginnen.

A	B	E	D	G	K
L	M	N	R	S	T

_____

_____

Mit Silben und Wörtern spielen

 **1** Suche dir zwei Kinder für eine Gruppe
für die Aufgaben 2–5.

_____

Unterschriften Gruppenkinder

 **2** Lest Pauls geheime Botschaft.

> Kahallo Kafreunde,
>
> kawir katreffen kauns kaheute kaum kadrei
> Kauhr kaam kaüblichen Kaplatz.
> Kakommt kaalle.
> Kaes kagibt kaviel kazu kabesprechen.
>
> Kapaul

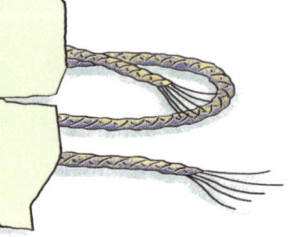

 **3** Entschlüsselt die Geheimschrift.

a) Was ist in jedem Wort gleich?

b) Wie sind die Wörter verändert worden?
   Streicht die Teile durch, die nicht zu den Wörtern gehören.

 **4** Lest die Antwort an Paul. Entschlüsselt sie wie in Aufgabe 3.

> Kaichla kakommela kaetwasla kaspäterla.
> Kaaberla kaichla kawerdela kamichla kabeeilenla.
> Kaleonla

 **5** Wählt eine der beiden Geheimschriften aus.

a) Jedes Kind schreibt einen Satz in einer Geheimschrift.

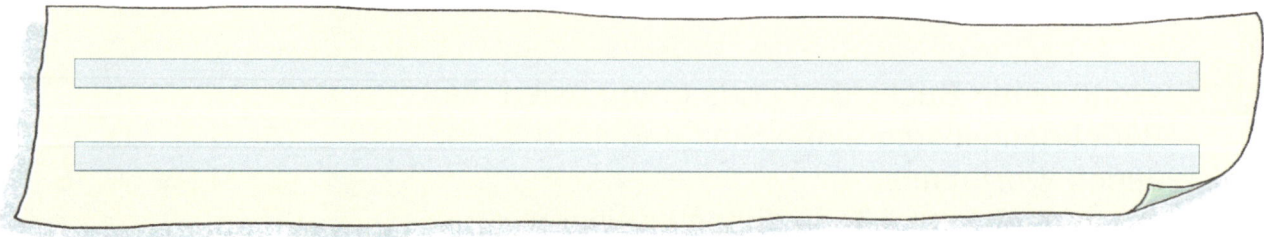

b) Wer kann den Satz entschlüsseln? Dieses Kind liest den Satz vor.

 **6** Erfinde eine eigene Geheimschrift. Schreibe damit Sätze ins Heft.

Geheimschriften analysieren
Sätze in Geheimschrift schreiben
Eine eigene Geheimschrift erfinden

KV 136
Fö 171/Fo

Spielerisch einen Text schreiben

Datum: _____

 **1** Suche dir ein Partnerkind für die Aufgaben 2–5.

_____
Unterschrift Partnerkind

 **2** Lest den Text.

Verrückte Berufe
von Hubert Schirneck

Die meisten Leute denken, ein Regenschauer ist ein heftiger Regen.
Das ist natürlich Unsinn. In Wirklichkeit ist ein Regenschauer
ein Mensch, der den ganzen Tag in den Himmel blickt und
sich den Regen ansieht. Das klingt langweilig, ist aber sehr nützlich.
Der Regenschauer kann nämlich voraussehen, ob es bald regnet –
viel besser als jede Wettervorhersage!   *(gekürzt, verändert)*

 **3** Warum ist der Text lustig? Sprecht darüber.

 **4** Verbindet die passenden Bilder mit den Wörtern.

Lautsprecher   Alleskleber

Uhrzeiger   Käsemesser

Salzstreuer   Schraubendreher

 **5** Wählt ein Wort aus Aufgabe 4 aus. Sammelt Ideen im Heft.

   a) Was macht die Person genau?

   b) Warum ist das nützlich?

 **6** Schreibe einen lustigen Text über einen Beruf von Aufgabe 5 ins Heft.
Die meisten Leute denken, ein … ist ein Gegenstand.
Das ist natürlich Unsinn. In Wirklichkeit ist ein … ein Mensch, … .

Sprachspielerisch über die Doppeldeutigkeit von Komposita
nachdenken
Einen informierenden Text zu einem Kompositum schreiben

KV 137, 138
Fö 172/Fo

55

Ein Drehbuch für einen Erklärfilm schreiben

1 Suche dir ein Partnerkind für die Aufgaben 2–6.

_____

Unterschrift Partnerkind

2 Sprecht über diese Fragen:

a) Was ist ein Erklärfilm? Welche Vorteile hat er?
b) Warum muss man einen Erklärfilm planen?

3 Schaut euch die Bilder an.

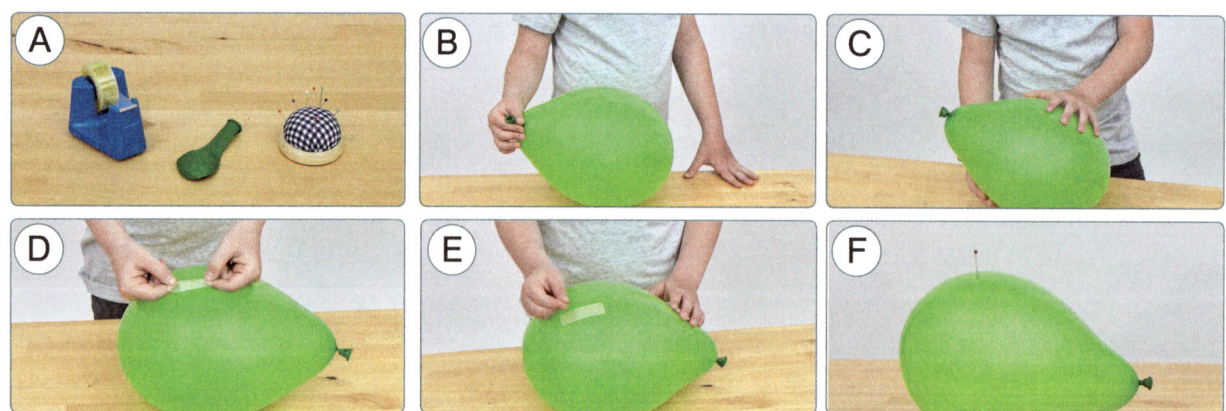

4 Wie funktioniert der Trick? Erklärt es euch gegenseitig.

> In einem **Erklärfilm** werden Abläufe und Anleitungen gezeigt und Sachinformationen gegeben. Er dauert nur wenige Minuten.
>
> Zur Planung eines Erklärfilms schreibst du ein **Drehbuch**. Darin legst du die benötigten Materialien, die Personen, den Ablauf und die Texte fest. Einen Erklärfilm kannst du mit einem Smartphone oder Tablet aufnehmen.

Sich über Möglichkeiten für die Präsentation von Medienprodukten austauschen
Sich über die Notwendigkeit verständigen, Medienprodukte adressatengerecht zu planen

 **5**   Plant euren Erklärfilm. Lest und schreibt.

Das soll man sehen:	Das wird gesagt:
Person, die den Trick vorführt, begrüßt	Wenn du wissen willst, wie man eine Nadel in einen Luftballon stechen kann, ohne dass der Ballon zerplatzt, dann bleib unbedingt dran.
1 Alle Materialien	Für diesen Trick brauchst du
2 Ballon wird aufgepustet	Zuerst pustest du den Ballon auf.
3 Ballon wird verknotet	
4 Klebefilm wird abgerissen und oben auf den Ballon geklebt	
5 Spitze Stecknadel wird vorsichtig in den Luftballon gestochen	
6 Publikum zeigen, dass die Nadel im Ballon steckt	

 **6**   Probt für die Filmaufnahme: Übt zuerst nur den Text.
Führt dann den Trick vor und sprecht dazu den passenden Text.

 **7**   Nehmt euren Erklärfilm auf. Sprecht langsam und deutlich.

Eine Medienproduktion adressatengerecht planen
Gestaltungsmittel von Medienproduktionen planen und anwenden
Einen Erklärfilm produzieren und präsentieren

KV 57
Fo
HR

92   **57**

1 Schau dir die Bilder an. Lies die Erklärungen.

Du brauchst
diese Dinge:

Innen in den Deckel
des Marmeladen-
glases eine
Erhöhung und Figuren
mit wasserfestem
Kleber festkleben.
Trocknen lassen.

Glitter in das
Marmeladenglas
füllen.

Glas mit Wasser
füllen.
1 cm bis zum Rand
freihalten.

Einen Tropfen
Spülmittel dazugeben.
Umrühren.
Eventuell mehr Glitter
dazugeben.

Den Glasrand mit
wasserfestem Kleber
bedecken.
Das Glas zudrehen.
Trocknen lassen.

2 Schreibe eine Materialliste.
Du brauchst:

_____

_____

_____

_____

_____

_____

Einen thematischen Inhalt für ein Medienprodukt kennenlernen
Einer Anleitung Informationen entnehmen und diese aufschreiben

... und einen Erklärfilm drehen

Datum: _____

3 Plane deinen Erklärfilm und schreibe ein Drehbuch.
Übertrage die Tabelle ins Heft.

Das soll man sehen:	Das will ich sagen:
Person, die die Anleitung vorführt, begrüßt	Wenn du wissen willst, wie man eine Glitzerkugel bastelt, dann bleib unbedingt dran.
Alle Materialien	Für diese Anleitung brauchst du ...
1 Erhöhung wird in den Deckel geklebt, Figuren werden darauf befestigt	Zuerst klebst du ...

4 Übe für die Filmaufnahme:

a) Übe zuerst nur den Text.

b) Tu so, als würdest du die Glitzerkugel basteln. Sprich dazu den passenden Text.

Während der Kleber trocknet, machst du eine Pause beim Filmen. Später kannst du die Teile des Films zusammenfügen.

5 Suche dir ein Partnerkind.
Es soll deinen Erklärfilm aufnehmen.

_____
Unterschrift Partnerkind

6 Seht euch gemeinsam deinen Erklärfilm an.
Lass dir eine Rückmeldung geben.
Füllt dafür die Tabelle aus.

	😊	🙂	😐	🙁
Du hast laut und deutlich gesprochen.				
Du hast in die Kamera geschaut.				
Du hast alles in einer sinnvollen Reihenfolge erklärt.				

Das hat meinem Partnerkind besonders gut gefallen:

_____

Eine Medienproduktion adressatengerecht planen
Gestaltungsmittel von Medienproduktionen planen und anwenden
Ein Medienprodukt hinsichtlich Qualität und Wirkung beurteilen

KV 140
Fö 173, 174
HR

59

1 Sprich mit einem Partnerkind.
Worüber könnten der Junge und die Figur
auf dem Bild sprechen?

_____
Unterschrift Partnerkind

2 Welcher Geschichtenanfang gefällt dir besser? Kreuze an.

☐ Anton blieb wie angewurzelt im Garten stehen und starrte
zum Apfelbaum. Hinter dem Baum stand ein seltsames Wesen
und leuchtete hell in der Nacht.

☐ Anton wollte gerade sein Fahrrad holen, als er fürchterlich erschrak.
Keine zwei Meter entfernt stand ein seltsames Wesen,
rollte mit den Augen und kam langsam auf ihn zu.

Sich über einen fiktiven Dialog austauschen
Einen Geschichtenanfang auswählen

3 Was sagen der Junge und die Figur?
Achte darauf, dass das Gespräch
zu deinem Geschichtenanfang passt.

Denke an
die Redezeichen
und Satzzeichen.

_____

_____

_____

_____

_____

_____

_____

_____

_____

_____

_____

_____

4 Suche dir zwei Kinder für eine Gruppe.

a) Lies deinen Geschichtenanfang
und dein Gespräch vor.

b) Überlegt gemeinsam:
- Passt das Gespräch zum Anfang
der Geschichte?
- Wie könnte die Geschichte enden?

Andere Wörter aus
dem Wortfeld **sagen**
sind: rufen, fragen,
antworten, flüstern,
prahlen, schreien,
stottern, …

_____
Unterschriften Gruppenkinder

> Eine **Fantasiegeschichte** ist eine Geschichte, die im echten Leben so
> nicht passieren kann. Es kommen darin **fantastische Orte oder Figuren** vor.
> Oft haben die Figuren **außergewöhnliche Fähigkeiten**.

Einen Dialog für eine Geschichte schreiben
Angemessen über die Fortsetzung einer Geschichte sprechen
Mit dem Wortfeld *sagen* arbeiten

KV 141, 142
Fö 175/Fo

93

61

Eine Geschichte weiterschreiben

Datum: _____

1 Lies den Anfang der Geschichte.

Wie jeden Abend ging Tilda mit ihrem Hund Helmut Gassi.
Die beiden trotteten gerade am Spielplatz vorbei,
als etwas Unglaubliches passierte.
Helmut stoppte plötzlich und sagte laut und deutlich: …

2 Was könnte der Hund sagen? Schreibe.

3 Wie könnte die Geschichte weitergehen?
Sammle Ideen für deine Geschichte im Heft.
Verwende dafür einen Gedankenschwarm oder nutze den roten Faden.

4 Suche dir ein Partnerkind.
Verwende den Gedankenschwarm oder
den roten Faden und erzähle deine Geschichte.

_____
Unterschrift Partnerkind

5 Schreibe deine Geschichte ins Heft.
Denke an die Überschrift.

6 Suche dir zwei Kinder für eine Gruppe.
Führt eine Schreibkonferenz durch.
Verwendet den Überarbeitungskreis.

_____
Unterschriften Gruppenkinder

Schreibideen zu einem Thema sammeln
Nachvollziehbar und zusammenhängend erzählen und schreiben
Sich in einer Schreibkonferenz beraten und austauschen

KV 143
Fö 176/Fo
HR

Einen Was-wäre-wenn-Text schreiben

1 Wähle ein **Was-wäre-wenn**-Thema aus. Kreise ein.

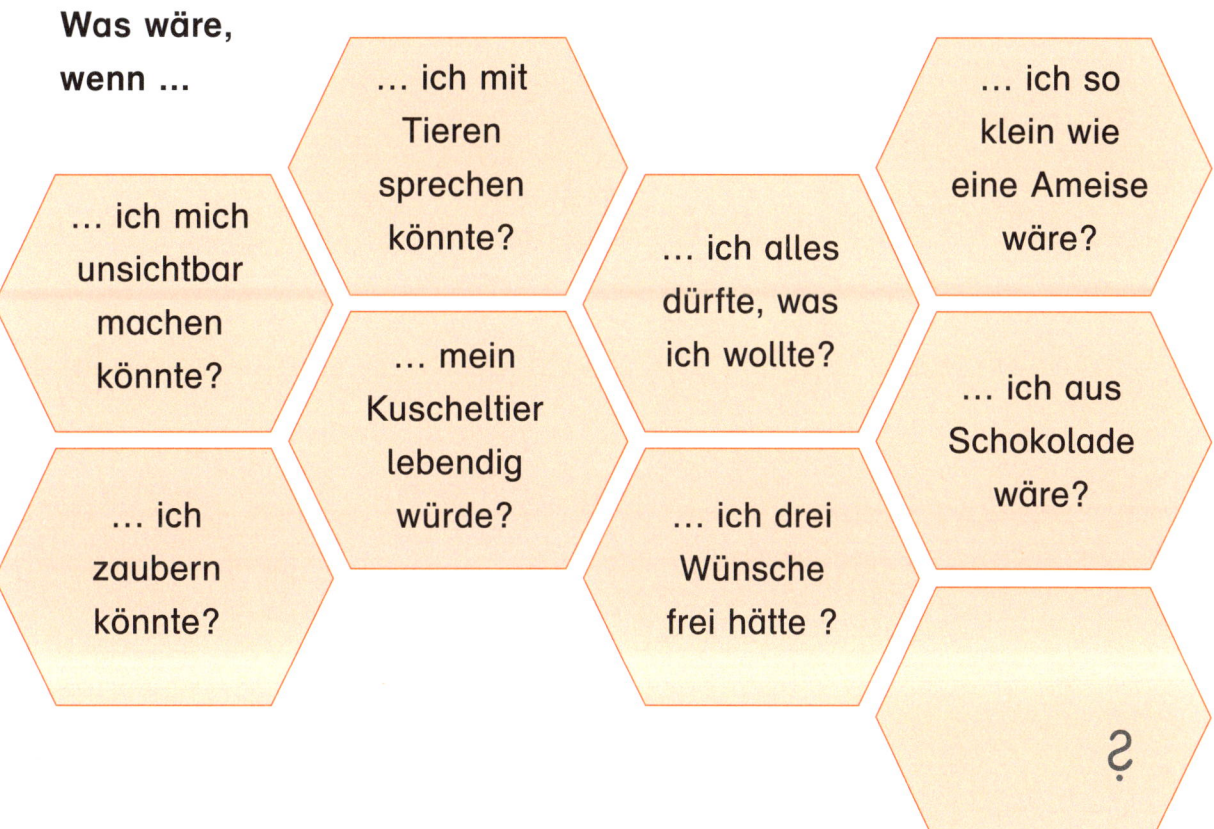

Was wäre, wenn …

… ich mit Tieren sprechen könnte?

… ich mich unsichtbar machen könnte?

… ich alles dürfte, was ich wollte?

… ich so klein wie eine Ameise wäre?

… mein Kuscheltier lebendig würde?

… ich zaubern könnte?

… ich drei Wünsche frei hätte ?

… ich aus Schokolade wäre?

?

2 Sammle Ideen für deinen Text in einem Gedankeschwarm.

Was passiert?

3 Schreibe deinen Text ins Heft. Denke an die Überschrift.

Passt die Überschrift?

4 Lies deinen Text einem Partnerkind vor. Welche Stelle hat ihm besonders gefallen? Kennzeichne sie mit einem Smiley ☺. Sprecht darüber.

_____

Unterschrift Partnerkind

Eine Schreibidee für einen Text auswählen
Ideen für eine Geschichte in einem Gedankenschwarm sammeln
Wertschätzend Rückmeldung zu einem Text geben   HR

63

Datum: _____

 **1** Würfle für deine Würfel-Geschichte 3-mal:
eine Figur, einen Ort und ein Problem.
Markiere die Wörter, die zu deinen Würfelzahlen gehören.

Figur	Ort	Problem
⚀ ein Roboter	⚀ in einem Geisterschloss	⚀ ein wildes Tier
⚁ ein Prinz	⚁ im Zauberwald	⚁ ein seltsames Ei
⚂ eine Sportlerin	⚂ auf einer magischen Insel	⚂ verlorene Zauberkraft
⚃ eine Detektivin	⚃ 300 Meter unter dem Wasser	⚃ ein Geist in der Flasche
⚄ ein Drache	⚄ im Computerspiel	⚄ Vergesslichkeit
⚅ ein Zauberer	⚅ auf dem Mars	⚅ Aufstand der Ameisen

 **2** Sammle Ideen für deine Geschichte im Heft.
Verwende dafür den roten Faden.

3 Erzähle deine Geschichte einem Partnerkind.
Das Partnerkind gibt dir Rückmeldung.

Unterschrift Partnerkind
_____

- Was hat deinem Partnerkind
  an deiner Geschichte besonders gefallen?
- Welche Fragen hat es zu deiner Geschichte?
- Welchen Erzähltipp hat dein Partnerkind für dich?

Ideen für eine Geschichte mithilfe des roten Fadens sammeln
Eine Geschichte zusammenhängend und verständlich vortragen
Rückmeldung für eine Erzählung einholen und nutzen   HR

Das kann ich jetzt

Ich kann kleine Texte und Gedichte
nach Muster schreiben und gestalten:

Hier kannst du deine
Texte hineinschreiben.

Ich kann ein Rondell schreiben:

Das kann ich jetzt

Wenn ich Anleitungen und Rezepte schreibe, achte ich auf:

Wenn ich Briefe schreibe, achte ich auf:

Wenn ich E-Mails schreibe, achte ich auf:

Das kann ich jetzt

Ich kann Ideen für eine Geschichte sammeln:

Was könnte hinter
dem Gartentor passieren?

Ich kann eine Geschichte mit dem roten Faden planen:

Wer ist
die Hauptfigur?

Wo spielt
die Geschichte?

Welches Problem
gibt es?

Wie fühlt sich
die Hauptfigur?

Was passiert
dann?

Wie endet
die Geschichte?

Das kann ich jetzt

Ich kann etwas genau beschreiben:

Ich schreibe gern Geschichten über diese Themen: